聞思の人 ⑥

安田理深《やすだりじん》集

下

教学研究所 編

東本願寺出版

相応学舎蔵

攝為自體 共同安危

理深

（摂して自体と為して、安危《あんき》を共同《ぐどう》す）

この書は、『成唯識論』における阿頼耶識についての解説にもとづく言葉です。

安田理深集　下　目次

凡例

一、本書は、真宗大谷派宗務所出版部より一九八三（昭和五十八）年に発行された『安田理深集下』を底本とした、改訂版である。

一、漢字は原則として通行の字体に改め、読みやすさを考慮して、漢字をひらがなに、またひらがなを漢字にするなどした。

一、引用文は、底本引用文を尊重しつつ、旧漢字・旧かな遣いは通行の字体・かな遣いに改め、適宜書名を付した。

一、底本中、今日の人権意識に照らして問題と考えられる表現については、適宜改めた。

安田理深集　下

大乗的ジャータカ

『願生偈《がんしょうげ》』の背景

これは古い文献に、三蔵——経・律・論——その中のいちばん初めの修多羅蔵《しゅたらぞう》について、「優婆提舎《うばだいしゃ》によって修多羅蔵を成就する」ということがいわれております。ご承知のように『浄土論《じょうどろん》』というのがあります。『浄土論』とか、『往生論《おうじょうろん》』とかいうのは、『論註《ろんちゅう》』からつけられた名前であって、本来の名前は、『無量寿経優婆提舎願生偈《むりょうじゅきょううばだいしゃがんしょうげ》』です。「優婆提舎なる願生偈」、『無量寿経《むりょうじゅきょう》』を背景として『願生偈』が出ておるんです。

『無量寿経』というのは、どういう『無量寿経』かわからんのですけれども、曇鸞《どんらん》大師は大・小の『無量寿経』のほかに、観という字のついた『無量寿仏観経《むりょうじゅぶつかんぎょう》』というものを加えて三経通申《つうしん》の論と、三経平等に見ておるわけです。曇鸞の時代に三部経というのが整ったのでしょう。それでそういうふうにいわれておるのですけれど、三経の間に真・仮というような区別が、まだないわけです。親鸞にきて初めて三経の間に区別を立てられた。区別することによってバラバラにしてしまうのでなくて、一ということをあらわすというわけでしょう。区別なしに一つだというのでなしに、区別することによって三経が一つであることをあらわす。親鸞の『教行信証《きょうぎょうしんしょう》』の「方便化身土巻」に、三経・三願・三機・三往生といわれております。あんなことを親鸞以前にいった人はないわけで、親鸞にきて教学が非常に厳密になったということです。

どの『無量寿経』に依ったかということは、実際、天親《てんじん》菩薩自身に聞いてみなければ、これはわからんわけですね。しかしながら『無量寿経』によって『願生偈』が説かれているといえば、『願生偈』自身から捜すより道はないわけでしょう。直接天親に聞くわけにはいかんのですから。『浄土論』そのものの中で、どの『無量寿経』に依られたかということを、我々は理解する以外に道はないわけです。これは皆さん知っておられますように、「我依修多羅《がえしゅたら》　真実《しんじつ》功徳相《くどくそう》」——修多羅、真実功徳の相に依って——と。修多羅真実功徳の相によって『願生偈』を説くと、こういわれておるんですから、「修多羅　真実功徳相」ということで『無量寿経』が押さえられておるわけです。

親鸞の『教行信証』の「顕真実」というのは、その「真実功徳相」を受けておるわけです。それから『無量寿経』の中に、「道教を光闡《こうせん》して、群萌《ぐんもう》を拯《すく》い恵《めぐ》むに真実の利をもってせんと欲《おぼ》してなり」、こうありますね。『無量寿経』自身が語っておるわけです。そこに「真実の利益」と。経典の方では「真実の利益」、論の方では「真実功徳」と、相応ずるわけでしょう。方便がないわけじゃないが、方便とえらんで真実を明らかにすると、こういうようなわけですね。

こういうところを見ると、龍樹《りゅうじゅ》に『根本中論《こんぽんちゅうろん》』という論があり、それを普通『中論』といってますが、『根本中論』とこういってますから、そうすれば、やはり三部経の中の根本経といわれておるのは、大きい方の『無量寿経』だと思います。そこには、「如来の本願を説きて、経の宗致《しゅうち》とす。すなわち、仏の名号《みょうごう》をもって、経の体《たい》とするなり」とこういうように親鸞が解釈しているようにですね、『観経』もあるし、小さい『無量寿経』もあるけれども、本願は説いていないわけです。『願生偈』は『無量寿経』の本願を前提として説かれておるわけです。

七高僧の中に入らん、論家・釈家の中には入らんですけれども、憬興《きょうごう》という方の『大無量寿経』の解釈を、親鸞は特に重んじて引いておられます。『無量寿経』の上巻は如来浄土の因果を説き、下巻は衆生往生の因果を説く、というのが憬興師の解釈です。これを親鸞は用いています。親鸞自身の言葉に求めれば、「衆生、仏願の生起《しょうき》・本末《ほんまつ》を聞」くと、こういうてあります。その言葉も色々解釈があるのでしょうが、「衆生、仏願の生起・本末」と。簡単にいえば、仏願の生起と本末ではなしに、仏願生起の本末。本願はどこから立てられたかということが、本願生起の本《もと》ですね。とすると、これは『教行信証』の「行巻」に、選択《せんじゃく》本願というものを述べて、「その機《き》は、すなわち一切善悪大小凡愚《ぼんぐ》」であると、こういっております。選択本願の機です。衆生といっても衆生をどこで押さえるのかというのは、非常に大事な問題ですね。どういう点で衆生というものを押さえるかと、これが大きな問題です。

国土の願

だいたい、願というものは、一つのこれは生産的な原理、仏道の原理でしょう。大乗一般からいえば、無上菩提《ぼだい》の願というのが、大乗仏教というものを生み出す根本にあるものです。しかしそこに、無上菩提の願から今度は、浄土の願というのが出てきている。これは無上菩提を捨てたのじゃない。だからして『大無量寿経』の「嘆仏偈《たんぶつげ》」でも、半分は仏徳を讃嘆《さんだん》したのですけれども、ただ讃嘆しただけじゃない。讃嘆を通して自分の願をあらわす。自分の願心を表現したわけです。真ん中から後はそうです。如来を讃嘆するという中には、讃嘆するような如来に自分もなりたいと、こういうわけです。「聖法《しょうほう》の王と斉《ひと》しからん」と。なぜ仏になるのかといえば、それによって一切衆生の苦悩を救いたいからだと。そうするためには、ではどうしたらいいのかと。こういう時に、それが「国土をして第一ならしめん……等双《とうそう》なけん」と、こういってきます。国土が出てくるわけです。

全体としては無上菩提の願を表明したのですけど、無上菩提の願の中に国土ということをはらんでいるものが後で、法蔵菩薩自身の四十八願というものに出てきておるわけです。無上菩提の願を限定してきたわけです、国土で。外からつけ加えたのじゃない、無上菩提の願の中に、そういうものをはらんでおる。それを国土第一と。国土ということが自利利他《じりりた》ということ。成仏するのは自利ですし、衆生を救うのは利他ですけど、自利利他ということが考えれば考えられんことはないですけど、実際になるとそれはなかなかできんです、矛盾してくるのです。考えている間は自利利他円満ということがいえるけれど、実践ということになると、自利を成就しようとすれば利他を捨てんならんし、利他を成就しようとすれば自利を捨てんならんと、こういうわけでしょう。そういう問題を解くということが、国ということなのでしょう。自利利他円満ということ、そのために国ということが生まれたのだと思います。だからこの菩薩の願の中に国が生まれ、かえって国の願の中に菩提の願を完成していくと、こういう形になって展開してきています。

だから『浄土論』でもそれを受けて、「観彼《かんぴ》世界相」というわけです。国というのは、現在の我々の今の世界の問題でもあるように、みな国を求めとる。国を科学することもできるし、国を哲学することもできるでしょう。何かああいう問題は、人間の欲に非常に深い根があるのだろうと思うのです。国の科学、国の哲学というものですね。有名なアウグスチヌスにも『神の国』という名著がありますが、やはり『願生偈』に出ておるような国は、単に民族国家というものでなしに、世界としての国家、「かの世界の相を観ずるに」という世界的国家。つまり世界という意味は、開かれた、オープンでありましょう。公開されたる国というもの。ああいうところに、人間の要求と仏道の要求とが結びつくのでしょう。無上菩提の願とか、国土の願とかいうものが、仏道の原理となっておるのは、実はそれが人間の原理だからでしょう。それでないと人間が成就することができない。人間の根幹のほかに、仏道の根幹もないわけです。そういうものを圧縮してくると、やはり公開された国土、こういうものです。

凡愚を機として

それで無上菩提の願から、国土の願へと限定されてくる動機となるものは、人間そのものをどこで押さえるかということでしょう。これが大事なところでしょうね。凡愚、それが人間というものの本質だ。行の願とか、信の願とか、往生の願とか、浄土の願とかいうものはあるけれども、凡愚の願というものはないですね。全体が凡愚の願であって、凡愚を機として、行の願とか、信の願とか、あるいは行信をもって往生するとか、往生する世界とか出てくる。そういうものは皆、動機となるものは凡愚を機としておるわけです。これは非常に大事な一点でしょう。だからそこから本願がおこされた。凡愚を機として本願が生起したのでしょう。凡愚を機として本願が押さえられておる。生起の本末だね。凡愚を機として本願が立てられたからして、その本願が成就する場所もまた凡愚だ。こういうのが仏願生起の本末。本は、これは凡愚を機として浄土が荘厳《しょうごん》された、浄土荘厳それが本でしょうが、末は往生でしょう、本末というのだから。その荘厳されたる浄土を通して、衆生を生まれせしめよう、こういうようなことじゃないかと思うのです。

『観経』でも、『阿弥陀経《あみだきょう》』でも往生ということは説いてあるけど、それは末です。その本に荘厳浄土ということがあるでしょう。だから浄土を荘厳することは、ただ衆生をたすけたいばかりに本願をおこしたのじゃない。また十二・十三願というのがあって、法蔵菩薩が自己自身を成就する、つまり自己の法身を成就する願でしょう。だから浄土を荘厳するという、そこに自利を満足する。それが本でしょう。これは、『大無量寿経』の上巻の問題です。上巻があまって下巻まで延びた、というわけじゃない。『大無量寿経』が「双巻経」といわれているのは、上巻と、下巻とは問題が違うのです。下巻の方は衆生往生の問題、上巻の方は荘厳浄土という如来の問題。

だから、『浄土論』で「真実功徳」というのは二十九種荘厳功徳です。浄土です。「我依修多羅　真実功徳相」の曇鸞大師の解釈、皆そうです。『願生偈』を見ればそうです。しかし、「本願を説きて、経の宗致とす」るが、その本願の体はどうだというと名号だと、こういうのですから、「真実功徳」は一応は浄土の荘厳功徳だけれども、もっと具体的には名号でしょう。名号が「真実功徳」でしょう。

名義《みょうぎ》と相応

名号を体とする、その体というのは非常に大事な概念です。『教行信証』では体というのは、そうたくさんはない。「信巻」に本願の三心は名号を体とする、信心というのも名号を体とすると。それから「教巻」には、本願を説く経も名号を体とする。願心とか、信心とかいうものは、名号の体にそなわっている義なのでしょう。

体といっても、それは実体ではないのでしょうね。当体《とうたい》。当体全是《ぜんぜ》という言葉が天台にありますが、昔の言葉でしたら当体といったらいちばんあたる。現代のヨーロッパの学問を通してみれば具体なのでしょう。ヘーゲルが抽象概念に対して、具体概念ということをいってます。具体という意味になると思いますね。ヨーロッパの伝統でもそうでしょう。非常に古典的にはライプニッツです。あの場合でもやはり普遍学というようなことを考えていた人ですから。まあ数学ですけれども、そういう普遍的真理というものに対して、もう一つ偶然を包むような真理です。必然というようなものでなくて、偶然を包むような真理。真理を普遍と具体の二つに分けてます。ああいう伝統がヨーロッパでもあると思います。つまり名号は、本願の具体概念なのでしょう。抽象概念というものではなしに。

名号というけど、名も、号も名ですけども、経典の上に求めれば「名声《みょうしょう》」とか、「名言《みょうごん》」とかいうことがある。まあ経典の表現では「名声」、論では「名義」。これも色々な解釈があって、僕はあまりそういう註釈は見ないけれど、「名義」ということは瑜伽《ゆが》の教学では非常に大事な概念ですね、「相応」ということもそうなのです、「名義相応」ということがね。これは何かというと、名と義とが相応するのじゃないのです。名義と相応するということです。名と義とは相応せんものなんだ。名義客となるというのは原則であって、名は義に対して客であり、義は名に対して客である。外からきたもので、主でないという意味。だから義自身が名告《なの》って、名となったのじゃないわけです。立てたものだというのです。名において義を立てるし、義をあらわさんがために名を立てるという意味なので、立てたものです。本来、義が名告ったものじゃないです。

本来、義が名告っているという場合、その名は陀羅尼《だらに》になってしまうのでしょう。言語の形《けい》而上《じじょう》学化だ。それはバラモンの思想です。声は常住《じょうじゅう》であり、永遠の声だというたら、非常に魅力的であるけれども、実は声の形而上学化だ。そういうのを呪文《じゅもん》というわけで、真言密教ではそうなっています。だけど名とは、いかにも殺風景な話ですけど、立てられたものなのです。あるものじゃない。何かの必要上、表現のために立てられたものなのです。名と義とはたとえてみたら、はとな。つまり名・句・文ということがあって、文というのは文字という意味なのです。文章という意味じゃないのです。相通ずる概念です。文というのは文字で、つまりアルファベット。はとか、なとかそれ自身は何を意味するのか。はとなという文字は、それを「はな」と結合してくると、そこに一つの意味をあらわすところの音《おん》の結合に過ぎん。音の結合によって名を立てるわけです。そういう、いかにも殺風景な話だけれども、名というものは常に立てられたものなのです。

言語というものは、現代哲学の大きな問題です。言語数理学というような学問があるように、現代では大きな問題になっておりましょう。言語というものは昔から、インドでも、ギリシアでもロゴス（logos）というのはそうです。名号は一つのロゴス・言葉です。経典では「名声」といい、論では「名言」。言によって義をあらわすから、それで名義ということがいわれておるわけです。名と義とを相応するものじゃなく、名義と相応する、こういうわけです。「相応」ということも大事な概念で、二つのものを結合するのに第三者を必要とせん、それ自身に結合していくから相応という。打てば響く、あるいは呼応というのが相応なのです。意識現象でも、これは相応といいます。

我々の意識が起きるのは、ただ起きるのじゃなく、何かの意識でしょう。花の意識が起きると、その花に対して、欲しいとかいう感情が起きましょう。美しい花だとか。ただ花という意識はないわけだ。花の意識であっても、その花は美しい、我々の関心をそそぐ花です。そしてその花は何かの花です。何でもない花というものはない。桜の花とか、蓮の花とかですね。そうすればそれは、欲しいという要求も起きるし、表象も起きるし、それから意志も動くでしょう。我々が花を採るというようなことは、我々の意識が採りたいというそういう意識が起きてきますと、採るという行動をおこさしめるのだ。だからして、意識と、そのような感情や意志とを、第三者が結合するのじゃないでしょう。自然でしょう。何かの意識が起きれば、必ず感情が相応します。第三者が相応させるのじゃない、結合するのじゃない、自然に相応するでしょう。打てば響くでしょう。そういう意味で、たとえばここに置いた時計を、こちらへもってこいという場合、手がいるわね、そうでしょう。手じゃないと、こちらへもってこれんでしょう。意識はそういうことはない、打てば響くのだから。意識が起きれば、それに誰かがほかの作用や感情を結びつけるのでない。自然に感情に呼応していく。だから意識の世界は相応の世界といわれる。

けれどそれは、相応の概念の存在的な分析であって、それをなんぼでも広げることができる。実践の上でも、信心と名号ということは相応です。名号に信心を加えるのじゃない、名号の外から信心が出てくるわけじゃない。名号があれば、名号に相応して信心がおきてくる。「与仏教相応」です。第三者を必要とせん。

相応というのはインド語ですけれど、漢民族では感応《かんのう》でしょう。信心が名号を感ずれば、名号が信心に応じてくるわけです。何もそれを第三者に結びつける必要はない。外から信心をもってくるのではない。その場合に、信心が名号を体とする、「名義相応」と。「信心ひとつにさだめたり」、こういう和讃があります。こんな関係なのです。

言葉

だから本願とか、信心とかいっても形がないです。信心に形を与えると、信心という意識の心理状態になるでしょう。つまり、心理学の意識というものは、見られた意識です。実験心理学の意識は、見られた意識でしょう。見られた意識は、意識した意識でしょう。物質的現象と、何ら区別できないわね。これが信心なんだなあと、信心の内容が対象化されれば、それは信心の意識状態ではないか。そうでないために信心は智慧だという。智慧を対象にするわけにはいかんでしょう。智慧を知るものはまた智慧ですから。いろんな考えがそういうところにおこってくると思います。だから願心といっても、信心といっても形がない、その形のないものに形を与えるものが、名号・言葉でしょう。

だからおもしろいことには、言葉を離れて本願とか、信心とか、思想ね、その思想そのものを独立させると、その思想は抽象的思想なのです。言葉を離れて考えられたものを考えると、抽象的なものになりましょう。本願というのも、信心ということも。つまり信心や本願の教理になり、抽象概念になるでしょう。言葉という時、思想は具体化される。言葉が思想なのです。言葉で思想を表現するのじゃない、言葉自身がもう思想なのです。それが生きた言葉です。

覚如《かくにょ》の言葉に、「本願や名号、名号や本願、本願や行者、行者や本願」（『執持鈔《しゅうじしょう》』）とありましょう。あのやというのは、何かというと、「ややっ」とあやしい時に発音するでしょう。「何やろう」という京言葉もあるわね。だからやとは疑問の言葉です。「何ぞや」やね。「本願とは何ぞや」というわけです。それが「本願や」という言葉でしょう。「本願や名号」といってるが、本願とは何ぞや、すなわちこれ名号であると、「即是其行《そくぜごぎょう》」だ。それを逆にかえしたら名号とは何ぞや、本願である。こういうように、本願を具体化すれば名号。しかし本願を忘れた名号だけになってしまうと、名号は無内容な記号になる。だからただちにそれを本願にかえす。ああいうことは、なかなかおもしろいことだね。

　言語は思想の結果ではなく、思想の原因なのでしょう。言語によって思想するんだ。けど思想というものを、言語を離れてそれ自身に独立させると、抽象概念になる。ですからただちに言語にかえしてくる。言語によって思想し、その思想そのものが、実は言語として表現されてくる、こういうわけでひっくりかえすんだろうと思うのです。たとえてみれば、果とはどういうものかというたら、因の終わったもの、成就したものが果だと考える、一応は。しかし、もし果がなかったら因自身もなくなるのですから、因の意味をなさんでしょう。因が成就したら果というけれども、その果はまた因を成就するものでしょう。果ができんなら因も消えてしまう。因が果を成就すると共に、果がまた因を成就する。交互性ですね、因果交互。「願もって力《りき》を成ず、力もって願に就《つ》く」と、こう『論註』でもいわれてます。

荘厳

ですから「真実功徳」ということも、一応考えれば二十九種荘厳功徳だけれども、そこには国もあり、仏もあり、菩薩もあるから、三種荘厳というのです。荘厳ということも、これもなかなか面倒な言葉ですね、文学的な言葉です。平凡にいってみれば飾るという意味です。まあ荘厳ということを、最も強調した大きな荘厳文学ともいうべきものは、『華《け》厳経《ごんきょう》』です。『華厳経』という意味は、雑華《ざっけ》荘厳――雑華で荘厳――するという意味なのです。荘厳といわずに「厳飾《ごんじき》」と書いてる。雑華厳飾。つまり飾るという意味。じゃあ何を飾るかといえば、いえんものでしょうけど、一如《いちにょ》とか真如《しんにょ》とかいわれている法性《ほっしょう》でしょうね。存在の本質でしょう。

仏とか、衆生とか、浄土とか、穢土とか分かれているけれども、それは二つのものが分かれているのじゃない、一つのものが分かれたのです。一つのものといったら一如でしょう、浄《じょう》穢不二《えふに》というような。一如を荘厳するわけです。ですから清浄に荘厳するのは浄土だけれども、雑染《ぞうぜん》に荘厳するのは穢土でしょう。だから飾ることに違いないけど、飾るということも必ずしも清浄だけが飾るのじゃない。雑染に飾っているのが穢土でしょう。つまり一如といったら存在の本質ですから、自己自身を雑染に荘厳しているのが穢土、またそれを転じて清浄に荘厳する。こういうのがやはり、形を与えるということでしょうね。一如は形がないから、形のないものに形を与える。

だいたい、インド人は言語族としてはアーリア人でしょう。ギリシア人もそうだね。ギリシア・アーリア、インド・アーリア。アーリアの特色だと思います、形を与えることが。だからギリシアでは形のないものを無限といいますけど、カオス（chaos）といって無限なるもの、そういうものはギリシアでは意味をもたん。有限なるものが意味をもつのです。形はエイドス（eīdos）という言葉ですが、形を与えるという、これがアーリア人種の特色ではないかね。インドであろうが、ギリシアであろうが。漢民族とか、日本民族にはちょっとない特色じゃないかと思います。

たとえてみるならば、ロゴスという、これは非常に古い言葉ですけど。もう一つプラトンのイデア（ideā）。アリストテレスはエイドスという言葉を使ってますが、あれにしても「この花は赤い」というけど、赤いものと、花というものとがあるわけじゃない。赤いというのは赤さです。この花は赤さをもってると。だから「赤い」と判断せられるわけです。「さ」という、これは抽象名詞でしょう。「赤いもの」じゃないのだから。このものが美しいといわれるのは、赤さをもっているから、赤さによって限定されるからだ、そういう意味でしょう。あの「さ」というものを考え出したところが、アーリア人種ではないかね。法とか、法性とかを問題にするわけですよ。つまりギリシアの言葉でいえば、オンティッシュ（ontisch）とオントロギッシュ（ontologisch）、存在的と存在論的との区別です。ああいうものは、アーリア人の考えじゃないかと思います。これは昔はあんまりいらなんだけど、これからは案外そういう考えが生きてくる。また生かさんならんのじゃないかと思ってますが……。

まあそういうことは、その時々に触れてみたいと思うのですけれども、今さしあたり荘厳功徳というもの。その荘厳とはただ飾る。白粉つけたりといったことでなしに、形を与えることが本来の意味じゃないかと思います。形のないものに形を与える。曽我《そが》（量深《りょうじん》）先生は象徴という言葉を使われます。象徴的世界観。それでもいいでしょうが、象徴というのは漢民族の言語だから、象徴になるのじゃないかと思います。これはインド人なんかと全然違うわね。漢民族の言語によると、象徴が非常にふさわしいのじゃないかと思います。

だから親鸞は、その漢民族の言語をいかにも巧みに駆使して、『教行信証』では、実に有効にその特質を生かしている。それは三心釈とか、名号釈とかいう字訓《じくん》釈なんだ。ほかの表音文字ではあんなことできません。漢民族の言語だからああいうことができるわけです。今なら精神分析の方法に訴えなければできるものではない。言語分析でああいうことができる。だから森羅万象《しんらばんしょう》という場合の象徴ということが生きるのでしょう。象徴的世界観ということもいえんことはないと思います。インド人はそういわなんだだろうと思いますね、象《かたど》るという意味にですね。

仏教的思惟《しゆい》の独自性

だからおもしろいのですよ。カント、近代の論理学からいえば、アリストテレスの論理学は抽象論理といいます。弁証法とか、先験論理と違って、あれは抽象論理だと。けどギリシア人では抽象ではないですわ。形が実在ですから。イデアといったら一つの美しさのことだけど、それが実在なんだ。我々の知覚とか、感覚作用とかは実在しとらん。イデアが実在なんだ。形式が実在なのです。そこにギリシアの実在論が、形式論的実在論でしょう。そういうものがあって、ギリシア人には何もそれが抽象というものじゃない。形が実在である、ということがあったのだろうと思います。

だけど、どうもそれで解けないものが出てくる。ギリシア人にも非合理性というものがある。そういうことをいったのでしょう、ニーチェは。運命の悲劇というものは、何もロゴスで形式化されんのです。非合理性というものは、論理からいってみれば偶然性です。これがずっと連なっている。それだから神秘主義なんていうものも生まれてくる。これがずっと残っていく。

皆さん知ってられるとおりギリシア人は、これは人間関心です。人間と人間との関係はポリス（polis）です。人間と人間以上、かつそれ以外の存在者との関係はないでしょう。それを生み出したのはシェム族です。現在宗教を代表しているものはシェム民族の宗教でしょう。ギリシア人はそうじゃない。ギリシアの神は人間と同じようなものです。恋愛したり、嫉妬してるような神ですから。しかし神でも抵抗できんものは運命です。だからギリシア人が、ギリシアの形をもって宗教の問題を包もうとすれば、神秘主義です。あれしかないのです。プロティノスというような人が出てくるようなですね。

そのような中で、仏教はシェム族の宗教とはどう違うのか、ギリシア人のロゴス、ミスティシズム（mysticism・神秘主義）と違うのか、ということはやはり明らかにせんならん。昔はそんなことは必要なかったけれど、これからはそうせんと対話できません。それによって一層、仏教の本質を明らかにするということですね。我々は主観的ではない。「遇いがたき法に遇うことを得たり」というのですから。どういう点で遇いがたき法に遇うたか、ということをはっきりつかんでなければ。我々は仏教国に生まれたから仏教徒やと、そういうことでは話にならんでしょう。

自覚するんだ、私を。再認識。そうするとこれはやはり法ということになると思います。神を立てたわけじゃないのです。法を立てるとか、先ほどいったように名を立てるとか、それは何のためかというと、自覚を要求するためでしょう。法のために法を立てるのじゃない。法を立てることは、我々に何を要求するのかというと、自覚を要求することでしょう。名によって法を立てる、本願はね。それは何を我々に要求しておるかというと、老少善悪の人をえらばんでしょう。ただ信心を要求しているわけです。声を出して唱えることを要求しているわけじゃないです。だから自覚的宗教だと。仏教がイスラムの宗教とも違うし、ギリシアの神秘主義とも違うのは、そこにあるわけでしょうね。

神秘主義が別に悪いというようなものではないんですけど。だいたいインドというのは、神秘主義の本国なんだ。ウパニシャッド（Upaniṣad）というか、形而上学的神秘主義が生まれた源泉ですわ、インドというのは。それを破って出たのですから、仏教は。それで今度、皆さんに話してみたいと思ったのは、『浄土論』にかえしますが、「優婆提舎」ということなのです。

優婆提舎

「優婆提舎によって修多羅蔵を成就する」。修多羅でもこれは広い意味では、十二分経といいまして、『教行信証』の「信巻」に引いてありますが、「如来の所説は十二部経なり。ただ六部を信じて、未《いま》だ六部を信ぜず。このゆえに名づけて聞不具足とす」、この六、六で十二です。だから広い意味の修多羅は、十二部経とか、十二分経とかいわれるのです。つまり十二の文学様式というものをもって修多羅ができている。狭い意味の修多羅という意味もある。十二分経の中の一つが修多羅ですけど、全体がまた修多羅。広・狭の差があって、律でも、論でもみな修多羅から生まれてきたものなんだ。特に律や論と区別して修多羅を成就する。その修多羅を成就するために「優婆提舎」が出たのだと、こういわれておるのです。

この「優婆提舎」という字を翻訳しなかったんだね、『願生偈』の訳者は。というのは翻訳しようにも、漢民族には伝統がないから翻訳してみようがなかったのでしょう。言葉というものは制限されたものだから、インド語が全部そのまま漢語にあるわけないでしょう。原則として翻訳とはできないものなんだ。言葉は制限されたもの、それを承知しておかんならんと思います。だけど言葉とは概念ですが、言葉に対する意味付与ということがあります、意味を与える。これは絶対自由ではないかね。言葉は限られたものだけど、その言葉に意味を与えるのは絶対自由。だからその意味で、翻訳とは同時に意味付与になるのです。一つの創造になるわけです。だから翻訳も非常に大事だということが、それでわかってくる。原典、原典というけれど、翻訳もまた一つの創造です。

仏典の翻訳もまあそういうことを思うのですが、今やインドの言語にそういうことが必要なのです。エテノローギッシュ（ethnologisch・民族学的）な語源を調べることも歴史だけれども、語源だけで言語はできん。言葉は語源をもっている、しかし同時に歴史ももっている。語源ももっているけれどもまた歴史ももっているのです、言葉は。だから漢語というものは、訳語じゃなく我々にとっては言語でしょう。だけども漢訳語にもない意味を、親鸞や、道元《どうげん》は与えている、与えていってます。

『教行信証』はそういう例が枚挙にいとまがないのです。親鸞の意味付与の絶対自由の思想がね。制限された言葉において、自由に意味を与えていっておる。字訓釈というものはそうです。「行巻」では名号の字訓釈、「信巻」では三心の字訓釈というものがありますね。本願の言葉によって本願を解釈することは、本願をおこす意義をもっているわけです。我々が本願を見出してくる意義をもっている。だから本願の名前も大事なのです。「念仏往生の願」とか、「至心信楽の願」とか、「往相信心の願」とか、勝手につけようと思っても、勝手につきはせんです。

それで「優婆提舎」とは、翻訳すれば論議経《ろんぎきょう》なんで、『願生偈』は「大無量寿経の論議経なる願生偈」と。そういうと『願生偈』自身が論議経の意味をもつし、それを通して『無量寿経』も論議経である意味をあらわすのでないかと。『無量寿経』のもっている論議経の意義を明らかにする『願生偈』や。論議経とは、経と論との共同事業になって、経から論が生まれ、経を完成するという「優婆提舎」の事業を完成していくことになると思います。

それではなぜ、「優婆提舎」を論議と翻訳しなかったのかというと、今日の言葉でいえば、議論のための議論というものに誤解される危険がありましょう、論議ということが。議論が何も生産しないのだ。ギリシアにもそういうことがあるのですよ。ソフィスト（sophist）というのです。仏教では外道といった。生産しない議論、議論のための議論、そういうものは必ず思想する民族にはおこってくるんだ。今日ではイデオロギー的論争である。何も生産せんでしょう。だいたい論理がそういう意味をもっておって、論理はだいたいどういうものになるかというと、相手の主張を破って自己の主張を立てる一つの武器なんだ。そうでしょう。相手の主張を破るんだ。そして自己の主張を貫く戦闘の方法です。それを上品な言葉でいうと、破邪顕《はじゃけん》正《しょう》というのです。

それが邪である場合には、それはいいですわ。だから『教行信証』でも、前五巻は顕正、「顕真実」という言葉がついているから、これは顕正の巻だと。第六巻は「方便」がついているから、破邪の巻だと。『教行信証』は破邪顕正の組織をもってると、これまでの古い研究にはこんな解釈もある。そういう考え方はあるだろうと思います。けどそれは、『教行信証』の本質をとらえる、いちばん浅い解釈でしょうね。敵を破るというけれども、敵が自分の中にある場合には、話が違ってくる。敵が外にあればいいけど、自分の中に見つかったらどうするかね、破邪顕正なんていっておれんでしょう。

回心懺悔《えしんさんげ》でしょう。回心・懺悔といったら感情じゃない、自覚でしょう。だから『教行信証』は自覚の書であると、こう見ることになります。だから三願ということも、なぜ一願でいかんかといえば、やはり回心・懺悔の学問だからなのでしょう。

仮令の願

三願の中でも十九願や、十八願は親鸞以前からもかなりはっきりしている。十九願は諸行を認める。諸行とは人間の努力、つまり人間が自分自身の努力に確信をもっている。何とかやれるという確信。まあいえば善人です。無自覚の善人です。それを頭から叱ってしまうと手がかりがなくなってしまう。そういう形で求道心が、願生心が動いているのです。願生心がないのじゃないんです。ただ自己確信に覆われている。それを自覚させる。まあそこに何かちょっと不安があるんだ。自分でやってみるけど自信がもてんのです。もてるのなら何も浄土を願生せんのです。即身成仏《そくしんじょうぶつ》でいけるわけで。だけど自信がもてんから願生するのだけど、何でも人間は問題に出くわした場合には、とにかく自身のもっている力でそれを解決しようとする。そうでしょう、ない袖は振れぬのだから。そこにやはり、自分の力で願生問題を解決しようとする。自分の力で解決しようとするけれども、自分の力ではどうにもできんから願生するのでしょう。願生心がないのじゃない、それを邪魔するものがある。自分に確信をもっているということです。だからその確信が役に立たんものだということが縁になるのでしょう。そういうものを「下下品《げげぼん》」（『観経』）というのだけれども。「下下品」ということをいうけれども、あんなことがありますか。五逆《ごぎゃく》・十悪《じゅうあく》全部もっていて一善もない、そんな人間はいないだろうと思うが、そういう衆生が臨終に救いを求めたと。その時、遇《たまたま》善知識に遇うてそれによって南無阿弥陀仏を口称《くしょう》した。もう念ずる余裕がないから声を出して称えた。すると声が終わるか終わらんかにもう浄土に往生したと。こんな具合に一善もない人間は珍しいもので、多少は何かいいところがあるわね。無駄な人間というものはないものであって。それが全然ない人間も、これはちょっとないです。それに臨終に善知識に遇えばいいですけど、そんなものは考えられません。臨終の時にポッと善知識に遇うたということはありはせんですね。

だからそれは大きな仮定でしょう。一つの教えだわね。まあいってみれば、呑気なことをいってるのはふまじめだからであって、一つひどいめにあわせると眼が覚めるだろうというわけだ。眼が覚める場合を予想するわけだ。けどそれはそうは決まっとらんで、眼が覚めるやら、覚めんやら、わからんわね。ひどいめにおうても、自殺して死ぬかも知れん。死ねば問題もなくなるけどさとりもなくなる。問題がないからさとりようがないんだ。まあゼロになってしまう。こういう道を取るかもしれん。だからひどいめにあわせると、人間は自覚するものだと限らん、眼が覚めるだろうという幽《かす》かな期待をそこにかけ、そういう架空の場合を設ける。「果遂《かすい》」といわずに、「仮令《けりょう》の誓願、良《まこと》に由《ゆえ》あるかな」の「仮令」です。ないことだけど仮に立てるのだ、そういうことを。幽かな期待です、「仮令」とは。「仮令」の字ほど十九願の精神をあらわす言葉はないと思う。十九願を立てられた本願の意が「仮令」という時、切実に、願心というものがよくあらわれております。万一ということを期待している願です。

回転《えてん》

しかし雑行《ぞうぎょう》という立場に立っているのですから、まだ本願に遇わんのです。底の方に願生心はあるのだけれども。それが本願に遇うたと、そこに十八願でしょう。念仏だから。諸行と念仏、明確な対比です。一方は人間の努力、一方は念仏でしょう。混乱を許さん。

だから親鸞も法然上人に遇うて、「雑行を棄《す》てて本願に帰す」といわれております。とにかく雑行の立場を棄てたのです。棄てられるか棄てられんか、よういえないけれども、棄てることを期して本願に帰する。入るわけだ。十九願に入ったという者はおらんです。そうでしょう。十九願に入ったということはない、出るとは書いてあるけれども。つまり流転《るてん》に初めはない。流転してきたことが求道してきたことです。求道心がなければ流転もないでしょう。流転してきたということは、求道心を前提として初めてあることです。だから入ったことがない、流転の始まりが求道の始まりです。

ちょうど人間が生活して、色々集まってきて社会をつくるものではないように。一人の人間というものは成り立たんのですから。人間には、間という字をつけてある。地獄・餓鬼・畜生・天には間はないけど、人だけには人間という間があるわけです。だから一人の人間は成り立たん。人と人との間柄でしょう。そうなれば初めからポリスなんだ。後からポリスができるわけではないのです。

それと同じように、人間は初めから求道をもって始まっているのです。これはポリス的人間ではない。仏教で人間を見れば修道《しゅどう》的人間でしょう。ポリスの世界には流転がない。人間を流転と、こう引き裂いたことに大きな求道心があるわけでしょう。求道・流転というところに、今日の言葉でいえば信仰的実存としての人間があるわけです。だから入ったということはないんだ。

そして本願に入ってみたら、雑行を棄てるということは、棄てることを期待したのだということが見えてきた。自力を棄てなきゃ他力をたのむということが出てこんから、棄てることを期待しているわけだ。本願に入ってみたら、雑行は棄てたつもりであったけど、雑行をたのむ心は棄ててなかったのだ。雑行は棄てた、けど雑行をたのんだ心までは棄ててなかった。それが本願に入って見えてきた。本願の中へ入ったけど、入ったのは外の心のままで中に入っていた。その外の心が自覚されてくる、それが二十願だ。自覚させるものがね。

こうして雑行は棄てたのだけど、雑行をたのむ心は容易に棄てられん。本願に帰しても棄てられんのです。棄てるには、やはり棄てる力がいる。まあ棄ててみたのだ、けど棄てられんのだ。棄てることは努力してやってみた、けど棄てられんのです。だから親鸞以前には二十願というようなことはわからなかったのです、意味がね。十九願と十八願とは一応わかったのでしょう。まあ善導《ぜんどう》の教学でも、『観経』では諸行のことを定散《じょうさん》二善といいますから、諸行によって本願の道を説かれた。けど結論は『阿弥陀経』でしょう。それは『阿弥陀経』に立った『観経』観だ。『阿弥陀経』を結論として前提とするのだから、それで知られなかったのだと思います。ですから『阿弥陀経』の結論であって、それ以上なかったのだろうと思います。『阿弥陀経』に触れて、そこに自分を見出してきた、そういうことを初めて親鸞が自覚してきたのじゃないかと思います。

『阿弥陀経』では「至心回向」という問題が大きかったのでしょう。むろん発願があれば回向があり、回向は発願を予定している概念で、回向と発願とは離すことのできん概念だけど、「至心発願」に対して「至心回向」という。その「至心回向」が回転の意味をもってるのです。だから「至心回向」は、二十願にも出ているけれど、十八願成就文にも出ているのです。十八願成就の経文が初めて読めたのは、「至心回向」を独立させたからです。「至心回向」ということが本願成就の文の中心概念だ。そういうことを語っているのが二十願でしょう。これが大きいのです。法然上人はわずかに「不回向」といった。親鸞は法然上人の「不回向」に触れて、

「至心回向」を発見したのです。つまり回という字が回転という意味なんだ。さっき自覚ということをいったでしょう。自覚の中心概念はどこにあるかといえば、回転の転にあるのです。転をもっているところに自覚が成り立つのです。

悪をやめて善になるのでもないし、悪を重ねて善になるわけでもない。そうかといって、悪をやめて善を求めると、善は天下りになる。そうでしょう。悪をやめて善を求めれば、善は天下りなんだ、自力をやめて他力をたのめばその他力は天下りでしょう。しかし自力を積み重ねて他力にしようとすれば理想主義でしょう。つまり一歩一歩の道です。有限を重ねて無限に達する道なんだ。それは理想主義でしょう。じゃあ有限はだめなものだと、それで無限を有限の外から移入しようとすれば、それは神秘主義でしょう。奇跡でしょう。奇跡でもないし努力でもないところに自覚がある、それは転でしょう。回転、転換だ。立場の転換であり、また方向の転換だ、回向という字は。これが自覚道の中心概念だ。

一念発起《ほっき》

「不断煩悩得涅槃《ふだんぼんのうとくねはん》」という言葉があるでしょう。これは昔、伏見に井上右近という人がいて親しかったのですが、その人が大谷大学で真宗学を学んでいる時、思わぬ人に触れたんです。それは銀行員です。その人が非常に親鸞に傾倒している人であって、話したところが、話が全然違ってくるのだ。つまり大学なんかで教わると段々外から中心に攻めていく方法だね。入門書だとか基礎学とか、一年生、二年生、三年生というのだから、外から中へ入っていく方法です。ところがその銀行員の話を聞いてると、中から出てくるんだ。そういうところにびっくりしたのが井上君の偉いところだと思うのですが、その時に何をいったのかというと、「不断煩悩得涅槃」、あの一句で親鸞の教学を押さえたんだ。「不断煩悩得涅槃」、これが現代の宗教だと、こう押さえたのにびっくりしたんだ。そこにやはり転があるでしょう。

だから功徳の反対概念は過失だね。過失をやめて功徳を得る。名号が功徳だといった場合には、過失以外に功徳を考えると何も感動せんね。そうでしょう。名号が功徳の大宝海だといったら、それは過失の大宝海が転じたんだ。で我々は不満足と考えると間違ってくるんだ。仏であると無限であり、絶対であり、我々は相対だと。そして我々相対が絶対に帰するのだと、こう考えるとそれはやはり考えであって、そうじゃないんだ。向こうも絶対だし、こちらも絶対なんだ。過失において絶対であり、向こうは功徳において絶対なんだ。そういうのを「原理が相和《あいわ》する」というんだ。原理が相和してるんだ。相対と絶対との連続じゃないんだ。絶対と絶対とがぶつかっているんだ。海と海とが、海と川じゃないんだ。こういうところに大きな回転があるでしょう。

その回転とは「能発一念喜愛心《のうほついちねんきあいしん》」、これは『如来会《にょらいえ》』の言葉ですけれども、つまり一念発起だ。一念発起、これが回心《えしん》なのです。一念発起の発という字が大事なんだ、「思い発《た》つ」ということが。わかったことじゃないのです。わかったというような信仰は立ちあがらんのです。受動的でしょう。発起というたら立ちあがるんだ。だから立ちあがらんまでは、みんな学習ということで行くのじゃないかね。つまり教養だ。仏教の教養で人間が立ちあがることはないでしょう。立ちあがらんところには何も出てこんのです。人間を立ちあがらしめる。一念というのは時間に入らんでしょう。時計の時間でもないし、意識の時間でもない、実存的時間だ、発起というのは。人間が立ちあがる、それが「回心はただひとたび」というのです。回心というのが回向を体験したことなのだ。また回心の回向にあずかったんだ、そういうことです。

故我願生

『願生偈』は総説分というのですが、それについて天親はまたみずから解釈して、その解釈した部分を解義《げぎ》分といっています。特色は「優婆提舎なる願生偈」といいまして、解義分だから優婆提舎というのじゃないのです。偈文自身が優婆提舎だと。偈文というのは、だいたい徳を讃嘆する讃歌ということなんですけれども、この『願生偈』は単なる讃歌じゃないです。先ほどお話しました法蔵菩薩の讃歌、「嘆仏偈」でも、単なる讃歌じゃない。そこに自分の志願を表現しておるわけですから。『願生偈』でもやはりそうであって、「我」という字が四ヵ所おいてある。「世尊我一心」とか、「我依修多羅」とか、「故我願生彼　阿弥陀仏国」とか、「我作論説偈」とか、こういうように四ヵ所「我」という字をおいて、その四ヵ所の「我」で分段が明らかになっておる。初めの二つの「我」は序分です。三つ目は正宗分《しょうじゅう》です。終わりのは流《る》通分《ずう》と、こうなっているのですから、自己を語った言葉です。「我」は天親菩薩自身をあらわしとるのですから、自己を語った言葉です。つまり表白《ひょうびゃく》なんです。信仰の表白です。ベケントニス（Bekenntnis）というような意義を『願生偈』はもってるんです。それを解釈する時になると解義分というのですけども、これには「我」という字がちっとも出てこん。これは非常に明確で、「善男子善女人《ぜんなんしぜんにょにん》」という言葉が代わって出てくる。解義分にいくと「問曰」、「答曰」という形ですね。いかにもそれで優婆提舎といいそうだけども、実は「故我願生彼　阿弥陀仏国」、これが「我」は「我」だけれども一文の中に出ておるんだ。序分でもない流通分でもない、正宗分を代表している「我」ですね。

ここに「故」という字があるでしょう、これが非常に大事なんだ。この「故」が優婆提舎という意味を語っとるのでしょう。この「故」を開いて解義分の問答が出てくるんです。だから単なる『願生偈』というのじゃない、「故」というような意味をもっておる。偈文に「故」なんかあると、偈文にならんようだけれどもね。とにかく優婆提舎というのは、ただ議論のための議論というのではなしに、問題を明らかにするということなんでしょう。問題を明らかにするところに文章の様式は問答という形になる。で、『教行信証』もいわゆる三経・三願・三心の問題を取り扱っておるのが「信巻」以後で、それで「別序」というものがついた。だから略して三心一心の問答と、信心を問答するんだ。それが「信巻」以後の問題。これはつまり『教行信証』が一つの優婆提舎であることを語っているわけです。信心そのものを述べてあるのは『正信偈』なんで、「信巻」は信心をのべるという意味じゃない、信心を問答する信心の内観です。そういう構造になっておる。だから『浄土論』の事業を受けた、そこに『教行信証』というものがあるのです。

親鸞は『教行信証』で、日常の求道者の問題にこたえたということはない。親鸞が日常求道の人々を相手に語られたものは、『歎異抄《たんにしょう》』の前九章を見ればわかる。ああいう形で求道者に接しておられた。あの時、自分の著作は出てこないわね。かえってあの中で、本の名前が出ておるのは、聖覚法印《せいかくほういん》の『唯信鈔《ゆいしんしょう》』だけです。『唯信鈔』をすすめていて、自分の制作をすすめていない。だから『教行信証』というようなものは、日常的な問題にこたえるんではない。今現に眼の前にいる相手を目標にした本ではない。「一切往生人等に白《もう》さく」といっているんですから。どこにおるかわからんけども、「求道者に申し上げます」と、こういう文章を引いておりますから。いってみれば歴史的使命です。本願の歴史的使命を背負った制作なんです。『教行信証』というものは、眼の前の実際問題にこたえるというものではない。あなた方もこれからそういう実際問題・信仰問題になると、原則として問うた人の言葉でこたえなければならん。だから越後に行けば、越後の人間の言葉でこたえるのがほんとうです。相手の問わん言葉でこたえたら、答えにならん。だから高等学校の生徒の教養があれば充分ではないでしょうかね、我々の信仰の対話というものは。高等学校の生徒にわからんような言葉を使ったらいかんだろうと思いますよ、原則としてね。しかし『教行信証』になると、これは逆だと思います。いいかげんな俗語を使っておったらだめだと思います。厳密な概念を必要とするわけです。そういう区別をはっきりさせておくことが、大事なんです。対話ということになると、やはりいちばん困るのは、仏教徒の使っておる表現・概念が明確でないということじゃないかと思います。

地中海文化の伝統では明晰・判明ということをいいまして、明晰にしてかつ判明。日本語を使えば、明晰も判明も同じような言葉で、どこに区別があるかわからんけれども、クラール(klar)、クリアー(clear)。クラール・ウント・ドイトリッヒ(klar und deutlich)という言葉の翻訳なんですけれども。つまり概念というものは、内包とか外延とかいうことがありますから、そういうもの――定義――がハッキリしておるということです。これはギリシア文化の伝統で、ソフィストは〝知っている〟立場ですが、ソクラテスは〝知らんということだけは知っている〟という立場ですから、自由に問える権利がある。ソクラテスが問うたのは、何でもない定義、ものの定義を問うたんです。それをだんだん押していくと、知っているという連中が実は知らなんだと、こういって恥をかかせたというんで、とうとう自殺せにゃならんようになったんですけれども。それがソクラテスのイロニー（Ironie・皮肉）といいまして、有名な言葉になっていますけれども。恥をかかせたわけじゃないんです。定義がハッキリすることが明晰かつ判明ということなんでしょう。これはやはり日本人同士が話しておる時はそういう必要はないけど、民族や言語を異にした人々との対話ということになると、そういうものがはっきりせんと対話できんのじゃないのかと思うんです。

「故」という字が、所以《ゆえん》・理由を明らかにする、二十九種荘厳功徳を述べられた理由を明らかにすると、こういうわけでしょう。問題は「願生」ですね。「願生」の問題なんでしょう。『無量寿経』には本願を説いてあり、本願によって浄土を荘厳するといい、それによって衆生に往生を成り立たしめると、こういうんだけど、問題の中心点は「願生」という一つの自覚を明らかにしてくる。二十九種荘厳功徳は、二十九種荘厳功徳のためにあるのではなしに、「願生」を成就するんだ。「故我願生」というんだから。三種荘厳功徳の世界というものは、何を明らかにするかというと、願生の自覚、願生が清浄の願生だということを明らかにするんだ。その願生が清浄でなければ、一心が清浄になることができないんだ。一心が清浄であるのは、願生が清浄であるからなんだ。願が信を決定する。こういう具合に押さえてあるんです。

能動の原理

ところがそれで、さっき「優婆提舎は修多羅蔵を成就する」というんだけれども、修多羅の方は何であるかというと、ジャータカ（jātaka）という意味だと思うんです。ジャータカという形で説かれてあるのが、修多羅という意味だと思います。だから「優婆提舎によって修多羅蔵を成就する」という意味は、ジャータカから生まれて、ジャータカの問題を明らかにするのが優婆提舎なんです。こういっていいんだろうと思います。それでジャータカというのは、何かというと、これは本生譚《ほんしょうたん》という意味だね。譚というのは物語――『歎異抄』には「故親鸞聖人御物語」――ですね。本生の物語。けどその本生は凡夫の本生じゃない、仏の本生です。仏の本生だから物語に御という字をつけるんでしょう、「御物語」。仏の本の生、こういうことを物語っておる文学なんです。これが初期の仏典ですね。

それが南方に伝えられた仏典は、ニカーヤ（nikāya）という言葉で伝えられた。北方に伝承されたのは阿含《あごん》という名前ですけど。そのニカーヤの中に、皆さん知っておられるように、『増一《ぞういち》阿含』とか、『雑《ぞう》阿含』とか『中《ちゅう》阿含』とか、『長《じょう》阿含』というようなのがありましょう。四つの阿含・アーガマ（āgama）です。それに『荘厳ニカーヤ』がつけ加えてあるんだ、荘厳のね。それで五部ニカーヤというんです。漢訳の方はそういうものがないんですけれども、この『荘厳ニカーヤ』というものの内容がジャータカなんですわ。おもしろいと思うですね。『荘厳ニカーヤ』の内容がジャータカなんだ。だいたいそういうことから考えると、阿含とか、ニカーヤとかいうものは目前の対象、つまりそれが八正道《はっしょうどう》というものでしょうね。

四聖諦《ししょうたい》ということをいうんだけれども、四聖諦のいちばん最後が道諦《どうたい》ですね。四聖諦の中の一つであると共にまた、四聖諦の結論なんだ。八正道ということで四聖諦が代表される、それが鹿野苑《ろくやおん》における転法輪《てんぼうりん》の内容なんだ。それはいってみれば声聞《しょうもん》・縁覚《えんがく》の教えじゃないでしょうかね。声聞・縁覚を相手にした教えというものが、八正道というものじゃないかと思います。いってみれば特別な出家者・専門家や、そういうものじゃないかと思います。ともかくジャータカとは、付録みたいな形でついてますから、そういうものとは少し違うんじゃないかと思います。八正道というものを考えてみると、初めに正見というものがあるでしょう。正見と正思惟とはくっついたものですが、正思惟によって正見を成就すると、正見というものが、これはいってみればさとりの智慧でしょう。これは非常に大事なことですね。

さっきの話の続きでいうと、「能発一念喜愛心」、それによって転が成り立つ。「不断煩悩得涅槃」といいましたが、その「能発一念喜愛心」というものは、「能」という字がついているということが大事でしょう。信というものは「所」という字をつけたらいかんのや。教でも、行でも、証でもみな「所」がつくんです、所依の法、所修の法、所得の法というように。しかし信だけは「所」をつけたらいかん。「能信」と、こういうようにね。これはよく覚えておかれにゃいかんですわ。

「能」がつくのは仏の願でしょう。「能令速満足《のうりょうそくまんぞく》　功徳大宝海《くどくだいほうかい》」というんだから。その「能」を衆生に奪った場合が「能信」、それを願に生きるというんでしょうがね。「能令」だね、それに目覚めたら「能令」の願に生きることです。それが「能信」でしょう。それは何かというたら、「能」というものは心理状態にはならんのですよ。「所」をつければ心理状態になる。信仰というものは心理状態ではないんだ、「能」という字がついてるんだから。「能信」というね。「能信」を証明するのも、「能信」を「能信」の中から、つまり本願を信心の中に見出してくる。本願を信ずるという、その場合の本願は対象です、信心の対象だ。対象ではなしに、その信ずる信心の中に願を見出してくるんだ。本願を信ずるだけなら他力を信ずるんですけれども、他力を信ずるんなら自力でも信ぜられるでしょう。他力を自力で信ずる。問題は他力を信ずるということが自力なら確信がもてんでしょう。だから他力に入ったけれども、何か確信がもてん、確信がもてんから他力をたのむ、他力をたのむけれどもまた、それ自身に確信がもてん、自信がもてんのだ。そういうのを「若存若亡《にゃくぞんにゃくもう》」というんです。

求道者の気持ちをみると、みんなそんなところに停滞してるんですわ。何か紙一重隔てておってはっきりせんと、それが「十余《じゅうよ》か国《こく》のさかいをこえて、身命《しんみょう》をかえりみずして、たずねきたらしめたまう」たんだ。紙一重のような隔たりがごまかせないんだ。だからそこに、他力をたのむ信心が他力回向だと、たのむ心をたまわるんだと、こうならなければ、それは解決できんでしょう。それがつまり回心なんだ。

自分の中に満たされた本願を欲生《よくしょう》というんです。欲生というものが信心の中に目覚めた本願だ。「欲生我国」と書いてあるから、それで法ということではないのです。信心の対象としての法ではないんです。信心の中に信心というものをうらづけておる、そういうものが「欲生」というものであって、どうもこれが法然上人までは、「不回向」というように消極的に表現しておる。積極的じゃないでしょう。親鸞教学は積極教学なんだ。消極教学じゃないんだ。つまり受動的じゃない、能動的信仰というものです。能動の原理です、願というもの、欲というものは。

そういうものが成り立たんということは、信仰が心理状態になるんですよ。心理状態ではね……。「能」というのは、これは絶対に対象化されないものなんだ。意識分析からいえば、「能」は見分《けんぶん》というんですけども、見分をうらづけるものは自性《じしょう》分でしょう。自覚というんですから。見分という、これは意識においていうのであって、信心の心と唯識《ゆいしき》の心とはちょっと違うんだ。唯識の心は存在概念ですし、信心の心は認識概念でしょう。信心とは認識でしょう、唯識の識は存在概念だ。だからして認識は意識を前提とするけれども、意識は認識に還元できないんだ。間違ったことも意識です、そうでしょう。間違った認識というのは不可能でしょう。間違った認識というものは、概念自身が成り立たない。普遍妥当性ということを要求するのが認識なんだ。意識は三角形の馬でも、意識できるでしょう。

認識論というものは大昔からあるんだけれども、意識の問題というのは新しいことですよ。よほど反省が深まらんと意識の問題は気がつかない。なぜ気がつかないかというと、「我信ずる」というけれども、「我」より近いものが意識なんだ。「我」があって意識するんではない、意識の上に「我」が成り立つんだ。だからわからんのです。我々が意識ということを考える場合には、それは主観でしょうが。主観なら意識された意識です、それでわからんのです。

意識の問題は、これはまあ皆さんに今必要じゃないけど、「能」ということだけは、これはハッキリしておかなければならん。「能信」と、「能」ということが主体をあらわすんです。

無我の理

これはなかなか面倒であって、主体をあらわす概念が「我」でしょう。「我一心」と。「我」といったら何でも悪いというものじゃないんだ。

仏陀の最後の遺教《ゆいきょう》義が「法に依って他に依るな、自らに依って他に依るな」、他によるということがないのが仏教なんです。ユダヤ教でも、イスラムでも、キリスト教でも、いちばんの特色はアナザー（another）です。他ということが特色なんです。神は人間にとって他者なんだし、だから人間は神にとって他者なんだ。決して有限とか無限という関係じゃないんだ。人間を延長しても神にならんのです。神に造られたものだ。だから造られた者を造る者にするということは、偶像というんであって、偶像という概念が厳しいんですよ、イスラムの教えでは。和辻哲郎は『偶像再興』という本を書いてるけれども、我々のいう偶像は、仏像みたいなものであって芸術作品でしょう。そんなものじゃないんだ、イスラムでいう場合の偶像というのは、冒瀆《ぼうとく》なんだ。

ところが仏教はおもしろいじゃないかね、「他に依るな」と書いてあるんだから、極めて明快だね。何もよらんのじゃない、そんなのはニヒリズム（nihilism）というんです。「他に依るな」ということをほかにして、よるべきものは法でしょう、「法に依れ」。それから「自らに依れ」とこう書いてある、あの「自ら」という字、これは言葉はアートマン（ātman）なんだ。「ダルマとアートマンに依れ」というんです。だからアートマンというのは、「我」と訳するんでしょう。自我だわね。ダルマと自我によれと。けど我という場合に、これは我見とか我執じゃないかと、こう思うけど、それは「我」を固執するからなんだ。「我」そのものは言葉でしょうが。言葉に過失はないでしょう。そういう言葉を、我執ということを嫌っておったら、主体ということもいいようがないんです。何もないんだということしかないわね。だからそこらもよく注意せにゃならん。また多くの場合、現代のジャーナリズムがいってる「主体性」ということは、だいたい仏教からみると我執なんだ。現在世間で主体性、主体性とやかましく叫んでいるほとんどが、我執のことなんだ。

だから、こういうのが紙一重というんであって、阿頼耶識《あらや》の場合でもそうです。阿頼耶識は我じゃないけれども、我とされておるものなんだ。阿頼耶識は我じゃないんだ、我とされておるものなんだ。我とされるのは間違いだけれど、間違いの言葉によって、阿頼耶識は主体的な意識だということをあらわすわけです。我ということをいわんと、阿頼耶識は転識《てんじき》になってしまうね。

だから、我というような言葉は、なかなか面倒なんだ。我の反対は無我だと。まあ無我だといえば、これは間違いなさすぎてはっきりせんわね。無我というのは、これは理ですよ。無我という状態じゃない。無我というのは、無我の真理なんだ。諸法無我の理というものであって、真理なんですわ。体験じゃないでしょう。無我というのは理であって、主体にはならない。無我をさとった智慧は主体です。何か無我というようなものであらわされるような主体なんだね。無我執であらわされるような主体じゃないんですわ。

たとえば「他に依るな」というようなことが大事なことなんです。そして「自我に依れ」と。自我といっても、これは言葉ですよ。法というのも言葉だ。「法に依れ、我に依れ」と、みんな言葉ですけれども、言葉をこえるのがさとりです。けれどもさとらん者をさとらせるためには言葉を使わねばならん。言葉というものは、さとった世界とさとらん世界との共通のものが言葉なんです。論理というようなものもそうなんです。

見道《けんどう》の加行《けぎょう》

それに考えてみると、正見というものがあるでしょう。そして後から、正語とか、正思惟とか、正命とか、正定とか、正念とか出てきますね。ああいうものはエティーク（Ethik）でしょう。そうじゃないかね、モラルじゃないかな。命という字がありますが、命という字は生命という字であって、生活という意味ですね。モラルといってもこれは生活のことでしょう。もっといえば健康なる生活ですわ、ゲズント（Gesund）というんだね。それから人間らしい判断、健康なる人間らしい判断だ。それ以外にモラルってないのでないだろうか。そうでしょう。ポリスとしての法則です。人間なら当然守らねばならない法則だ。健康なる判断力です。そういうのが正見の内容ですね。モラルはモラルだけになったら、モラルに縛られるんです。規則にね。正見に立って初めて健康なる生活が成り立つんだ。

和辻哲郎という人が、『原始仏教の実践哲学』という本を書いたわね。そういうように実践哲学という概念で押さえているんだ、原始仏教の教説をね。それは和辻さんの自由ですけれども。それからキルケゴールでも、レリギオン（Religion）の段階でもないし、それからジンリッヒカイト（Sinnlichkeit）といって感性の段階でもない、中間のエティークの段階だね。和辻さんは、あれでキルケゴールを理解しているんだ。和辻さんの学問というのは、だいたいエティークですから。そういうこともおもしろいことです。

僕が最近思うのは、キルケゴールの美的段階とか、感性的段階とかいわれておるあれだね。キルケゴールに『誘惑者の日記』という本があり、ドン・ファンみたいな人間を出しとるんだ。それに、善導大師が「白道《びゃくどう》」という、あそこに出てくるのは、「危ないぞ、危ないぞ、わしは悪いことはいわん、帰ってこい」と、群賊悪獣《ぐんぞくあくじゅう》の声でしょう。あれは誘惑じゃないかね。倫理ばかりが大事じゃない、誘惑があるということがね。我々の世界は考えてみなさい、願生心を除いたら全部誘惑に満ちておるんですよ。我々の世界は、外も、内も誘惑の取り囲みなんだ。これが容易にこえられるものじゃないんですわ。外も、内も誘惑に満ちておる。そういうことを僕は思うね。

ヨーロッパに生まれたキルケゴールや、中国に生まれた漢民族の人だから、誘惑という字を使うんだけど、砂漠の中に生まれたシェム民族には、誘惑ではない、死でしょう。生きとるものは自分だけだ、それが砂漠というものだわね。誘惑するどころじゃない、圧迫しとるでしょう。誘惑するどころじゃない、正反対です。脅かしとるんだ。脅かしとる世界の中に人間を自覚するんだ。砂漠でない世界からいえば誘惑者です。だからそれは変わった面だけど、やはり誘惑すると同時に脅かすとかね、誘惑されなかったら脅かす、脅かされなんだら誘惑すると。だから群賊悪獣は、一面には脅かしてるんでしょうが、我々を追っかけてくるんですから。圧迫と誘惑とを兼ねそなえとるわね。ああいうような構造ですよ。

これは現代の人間学、精神分析とかいうようなものではない。もっと正確です。精密じゃないです、しかし極めて正確だわね。見抜いとるでしょう、人間というものを押さえるのに。「他に依るな」といった、これが大事なことだ。これだけがインドからも仏教が区別される。仏教はインドにおける、バラモンに対する異端です。つまりアーリアンに対する異端なんですわ。ギリシアにもない、シェム族にもないです。自覚ということが、いかに仏教の面目であるかわかるでしょう。ところがこういうことをいってみるということは、八正道の中に肯定されておるものは、今いったようにモラルとかエティークというようなものですが、何が排除されておるかということを考えにゃならんでしょう。何が除かれたのかということが、つまり明晰・判明ですわ。あるものが明らかになるためには、消極的にはあるものは何でないかをはっきりしておかにゃならん。積極的には何であるかを規定せにゃならん、独自にね。だから何が除かれておるかというと、宗教的辺見が除かれておるんだ。八正道は宗教的辺見が除かれておる。宗教を避けたんです、自覚は。そういうことも非常に意味があるんでないでしょうか。

それで、その宗教的辺見を代表するものは苦行です。では楽行はないかといえば、楽行は宮廷生活で満喫しているんです。享楽・美的生活は。その正反対が苦行です。それを苦行した師匠以上に、仏陀は徹底したんだ。インド人の偉いのは徹底ということです。

仏教では、真理を見るのは見道というんだけれども、それまでに加行位《けぎょうい》ということがあるんですがね。加行位といったら、あらゆるものはみな加行ですけれども、見道の加行というものがあるんだ。その最後、世第一法《せだいいっぽう》というんです。こういうのが見道の加行のいちばん最後を押さえる。つまり世間の終わりというものだね。それは何かというと、世間というものの最後を押さえておる。まあこれは自力無効というようなことでも、罪悪深重《ざいあくじんじゅう》というようなことでもあらわされる。けどそれなら見道ではないかと、こういいそうだけどそうじゃない。自力は無効だということと、自力は無効だという意識と二つあるでしょう。そうでないかね。それが世第一法です。

そういうことは、みんなよくいうわね。よう僕は質問をうけるんだ、信仰問題ね。「ああ凡夫だと、こういわれますとよくわかります。だけども」と、こういうんだ。すぐ元へひっくりかえす。つまり愚痴ですわ。これはもう宗教問題を取り扱う側も、よほど覚悟せねばならんですよ。あなた方も、世間のゴミ捨て場にならねばならん、愚痴だから。「時間がきたから」って、そんなことをいっていたら宗教問題を取り扱う資格がないでしょう。「なんぼでもはけ」

っていうんだわね、はいてくたびれさせるより手がないんだ。愚痴も一週間ほど続けてみい、まだ一日ぐらいで何いっとるんだというような腹でないと、人の愚痴は聞けんですよ。その方法は、フロイトが天才なんだ、精神分析。精神分析はどうかというと、患者のいうことを聞かなきゃならん、しかし取り上げちゃならん。それは臨床医学の大家です。顔を見ると患者は思うこといえんでしょう、だから患者の横に座るんだ。「さあいってごらんなさい」というようなものだ。それでどんどん愚痴をはかせるんだ。ふまじめにポカンと聞いていたら腹立てるから、まじめに聞かなければならん。しかし取り上げてはならん。これは苦労のいる話ですね。

『観無量寿経』で釈尊はそれをやっとるんです。『観無量寿経』で釈尊は沈黙しているでしょう。韋提希《いだいけ》が韋提希自身の愚痴にくたびれたんです、つまり韋提希は愚痴を愚痴とみたんです。そうすると初めて愚痴の底にあったものに触れるんでしょう。「我今楽生《がこんぎょうしょう》　極楽世界　阿弥陀仏所」、出てきたね、愚痴の下にあったものが。その時初めて、仏陀は破顔微笑《はがんみしょう》するわけだ。時機到来というんだ。そういうように『観無量寿経』はいかにも宗教心理の分析みたいなものです。

だから世第一法、これを押さえないと見道に入れんです。「わしはだめだなぁ」ということと、「だめだなぁ」と分別することと二つある。「だめだなぁ」と知ったけど、だめになっとらんでしょう。なったら一つになるじゃないかね。なったということはかえるということです、凡夫に。そうすると、本願がそこから始まっとる大地です。だから世第一法というのは、別の言葉でいえば思案の絶頂なんだ。思案の絶頂ということを世第一法という言葉であらわすんです。終わりをつきとめると。途中じゃだめなんだ。

「至誠心《しじょうしん》」というのが面倒なのは、「至誠心」でまじめであれと、こういうわけでしょう。けどまじめをどこで表現するかね、わからんです。多分ここらまでやったらというんで、途中でやめるんじゃないかね。ここでやるだけのことはやったというようなとこで、努めるんじゃないかね。至誠であれというけど、至誠というものは一体どこで至誠になるかね。

至誠をしてつきとめるんだ、そしたら至誠の反対が出てくるでしょう。至誠が至誠自身を知るんだ。至誠の本質は至誠でないことが本質なんだ。それが世第一法でしょう。その時に至誠でない真実に触れるんだ。至誠でないんだ。真実は是れ如来でしょう。人間の至誠というものを知るんだ、終わりをね。つまり自力無効と。最後を押さえないと努力いかんによっては有効にも見えるんだ。無効ということはわからんわね。努力いかんによっては自力も有効だともいえる。押し進めれば無効が本質なんだ、自力はね。つまり自力が自力自身を自覚するんだ。自力が自力自身にくずれるんだ、そこに初めて真実というものに触れるでしょう。こういう形を取らんと自覚にならんでしょう。

だから苦行を徹底的にやったんです。楽行も徹底的にやったんです。だからあんた方の楽行でも、財布の紐解いてやっとるようなケチ臭い楽行やってもあかん。遊ぶんなら全散財でやらなければ、ケチ臭い遊び方しとった日には、何もなりませんわ。仏陀は徹底的に快楽を満喫したんでしょう。と同じに今度は苦行を徹底的にやったんだ。インドには苦行林というのがあって、そこで苦行をやったんだ。ほとんど肋骨の出とる仏像があるでしょう、あれは傑作です。僕はあんた方みたいに若い時——五十年も前の話ですけど——あの仏像の写真を見て、今でも印象に残ってますわ。あの苦行の姿やね。あれを中国風に書いてあるのが、出山《しゅっせん》の釈迦でしょう。あれは漢民族の表現でしょう。肋骨の出とるのはインドの表現、苦行でしょう。

大乗教学の根源

ところがジャータカを見ると、その苦行が内容になってるんです。仏陀のジャータカを見ると、捨てたはずの苦行が内容になっとるんだ。これが非常に意味の深いことですね。それでなぜジャータカというものが大事なのかというと、歴史上の仏陀はゴータマ・ブッダ、つまり釈迦です。ところがジャータカになると、初めて菩薩地が出る。これがジャータカをやかましくいう問題だ。菩薩という言葉がどこから出てきたか、ジャータカから出てきたんです。大乗仏教というようなものは、小乗の論から直接出てくるものではないでしょう。小乗の教学から大乗の教学が生まれるものではないでしょう。教学の根源にかえるんです。出直すんですわ。それが大事なことなんだ。教理から教理が生まれるものではない。小乗の教理をアビダルマ（abhidharma）というんですけれども、天親の教学なんかは大乗的アビダルマというんです。けど小乗のアビダルマからすぐ大乗的アビダルマが出てくるんじゃないんです。アビダルマ以前にかえるんだ。以前にかえるのが以後に展開する道なんです。大きな一つの回り道をしてくる。直線的に進行するものではないんだ。大きな回り道ね。つまり回り道せんならんのは、せんでもいいのにするんではないんだ。行き詰まるんだ、固定化するんだ、教学が。そうでしょう。

現代の問題、今の資本主義の問題、行き詰まるでしょう。そうすると古典にかえるでしょう。ギリシアまでかえってこにゃならん。そのかえれるものをもっとることが古典なんだ。トラディション（tradition）なんだ。植民地の文化にはかえるところがないでしょう。横から聞くより仕方がないでしょう。かえるところをもっているということが、これがトラディション、伝承なんだ。もう一ぺん出直してくるんですわ。ギリシアの大昔にかえってですね。それがいってみれば、ジャータカにかえっていくんですわ。菩薩が出たんだ、それは声聞・縁覚とは違うわね、そうでしょう。まあこういうことで、その時は、仏は釈迦仏。したがって菩薩といっても釈迦仏なんだ。釈迦菩薩というものが、仏陀のジャータカなんだ。

だけどそれに一ぺん入ったら、今度は大乗的アビダルマが生まれてきたように、大乗的ジャータカというものが生まれてきた。それが『大無量寿経』なんだ。『大無量寿経』を大乗的ジャータカとして見るということが大事なんです。

それがなぜ大事なのかというと、今学校で勉強するでしょう。「わしは『観経』をやる」、「わしは『大経』をやる」、そして経典を研究の材料に使うでしょう。それは冒瀆じゃないかね。経典とは読誦すべきものなんだ。初めから経典を見るのに、科文を考えたり、上巻は何々、下巻は何々、そういうのは経典の冒瀆ではないかね。読誦という意味は、分析に先立って「如是《にょぜ》我聞《がもん》」という態度を要求しているんですわ。そうでしょう。論にはないでしょう、「如是我聞」は。

聞というのは、「重誓名声聞十方《じゅうせいみょうしょうもんじっぽう》」という意味でしょう。「重誓偈《じゅうせいげ》」には、その時にやはり、「究竟《くきょう》して聞ゆるところなくは、誓う、正覚を成らじ」と書いてありますね。もう聞けん者はないようにすると、こういうのは大地の底に隠れておったものを、誰でも聞こえるようにするという意味でしょう。内観の極地に横たわっておるようなものを、それを誰でも触れることができるようにするというのが聞です、聴聞だね。我々は無始已来自分の胸に相談してきたんです。自分の思いを思いに相談してきた、その癖が離れんのです。何でも考えると、すぐ自分の思いにかえるんだ。覚えたことと覚えたこととを合わせてみたり、ついでみたりしとるでしょう。その繰り返しでしょう。だからそういう自分の胸に相談せずに、頭を上げいと、全法界に轟《とどろ》く声を聞けという意味ですね。これを読誦というわけです。だからそこには研究というようなことでなしに、一貫して大地を流れているものを聞けというんだ。自分の脚下に流れておる、そういうのが読誦というものなんだ。

だからそこに考えてみると、宗教的辺見を捨てたんだけど、宗教問題を捨てたわけではないでしょう、辺見を捨てたんです。だから宗教は答えではない、問題ですわ。こたえとる宗教はもう役に立たんから、それでニーチェは「神は死んだ」というんだ。「神は死んだ」というけれど、キリストは死んだという意味ではないでしょう。だからこの頃は『新約聖書』も翻訳し直すようだね。だからドイツ語でいうと、キリストは死んだといえんでしょう、なんぼニーチェでも。事実マリアの腹から生まれとるんだから、キリストは否定できない。クリステントゥーム（Christentum）ですよ、否定するのは。クリステントゥームを否定しているのであって、キリストは否定できないのではないかね、なんぼニーチェでも。キリスト教を否定しとるんだ。試験済みの宗教を否定しとるんだ。つまり試験済みというのは答えとしての宗教です。答えとしての宗教は役に立たんのではないかね、キリスト教でなくても。宗教は何で迫っているかといえば、問いとして迫ってるんでしょう、現在。そうでしょう。これほど宗教問題に迫った時代はないでしょう。問題としての宗教です。答えとしての宗教ではないんだ。

これは人間が造るものではないんですわ。根源にかえって見出すものだ。根源にかえって見出すものです。そうすれば正見の智慧だけど、正見の智慧であるような信心を要求するわね、本当の宗教は。そうでしょう。それが『正信念仏偈』の正信じゃないか。正見の智慧としての信心です。それは正信ではないかね、大乗的正見です。だから信心は、智慧ということは、これは親鸞の晩年の『和讃』でもそうだし、それから『大無量寿経』の開顕智慧段というのがそうですわね。あの時にも、いかに智慧が強調されているかがわかるでしょう、如来五智というようにね。『観無量寿経』は「仏心者大慈悲是」だけれども、『大無量寿経』は「如来智慧海深広無涯底《むがいてい》」でしょう。これは大事なことですね。だから『大無量寿経』を見ると、初めのところに、「乃往過去《ないおうかこ》、久遠無量《くおんむりょう》　不可思議《ふかしぎ》　無央数劫《むおうしゅこう》、錠光如来《じょうこうにょらい》、興出於世《こうしゅつおせ》」とあります。そこに「乃往過去、久遠」という言葉が出とるでしょう。これがつまりジャータカということですね。そうでしょう。『大無量寿経』そのものがジャータカなんだ、大乗的ジャータカなんですわ。

大乗的ジャータカ

釈迦のジャータカではないんだ。阿弥陀仏のジャータカだ。釈迦菩薩じゃない、法蔵菩薩がそこに出てくるでしょう。その時に、「世に興出《こうしゅつ》して、無量の衆生を教化《きょうけ》し度脱《どだつ》して、みな道を得せしめて乃《いま》し滅度《めつど》を取りたまいき。次に如来ましましき」と書いてあるね。「次に如来ましましき……と名づく」、「次をば……と名づく」とこういう具合に、ずっと五十三仏出てくるでしょう。その次、その次という意味です。この「次」というのはどっちにもいえるでないかね。レイコンマ以上でも、レイコンマ以下でも。そうだろう。

僕は数学のことはわからんけど、ゼロを発見したのはインド人だと聞いていますから、だからして加える方の数も倍加したゼロを発見したことになる。そうやろう、倍加したね、数学の範囲を。そういうものなんだ。だから「次」でもわからん。『如来会』だと「その前に」とあります。異訳経典の『如来会』（唐訳）とか、『荘厳経《しょうごんきょう》』（宋訳）を見れば、「前」と書いてあります。「以前」という意味だね。それから「次」といえば「以後」にもくるからね。そうでしょう。歴史以後ね。釈迦から始まるのが歴史です。『大無量寿経』は三国の高僧が伝承しておる歴史でしょう。ジャータカはそうじゃない、釈迦以前にかえるでしょう。釈迦以後の歴史に出発するためには、釈迦以前にかえらねばならん。歴史以前の歴史だね、それがジャータカでしょう。

だからして「行巻」は釈迦以後の歴史だけども、「信巻」は釈迦以前でしょう。そうじゃないかね。如来が三心の願をおこされたと、そして不可思議兆載永劫《ちょうさいようごう》にそれを修行されたということは釈迦以前の話ですね。だからかえることによって出るんだ。あるいは出るためにかえらにゃならん。そういうことがジャータカの意味なんですわ。

それでよくわかるでしょう。何もかえる必要のないのにかえるわけではない。行き詰まって前へ行けんでしょうがね。行き詰まったということは、もう試験済みになったんだ。教学が固定したんだ。現代に響かんのです。全部がデッドランゲージ（死語）になったんだ。そうでしょう。そこでかえらんならんじゃないかね。もっと根源の魂というものを復活させなければならん。死んだものはもう生きるはずはないんだ、眠っとるものは覚めることができるでしょうが。宗教心が死んだということはないわね、死んだのは教理なんだ。魂が死んだのではないでしょう。根源にかえって、人間の根源であるような宗教です。人間の魂であるような宗教、人間の魂を動かすような宗教、そこにかえらんならんでしょう。だから僕はいつでも思うんだ。答えとしての宗教は今の時代にはない。つまりいちばん非宗教的な時代です。現代資本主義というのは、そうでしょう。

マルキシズムということでも人間はとらえられん。なぜなら搾取・資本蓄積ということは、私有化という煩悩として出とるわけですよ。そういうことで今度は精神分析というものが出てくる。精神分析のおもしろいのは、人間を病人だととらえたことだと思うんです。ほかのことにはない。普通は人間は健康だと思っておる、そうじゃない。人間は病気しとるんだと、こうとらえたことが極めて現代的なんだ。マルクスもとらえんわけじゃないけど、貧しいということを病気しているととらえてるんだ。だからしてそれは手がかりであって、精神分析が宗教を代表するわけにはいかないけども、いわゆる医学上健康だと思っている人間も、宗教上は病人なんだ。

だから連関したものであって、やはりそこに分限をハッキリしてるのが、耆婆《ぎば》と釈迦だと思う。耆婆は医者ですわ、だけど釈尊の代わりをせなんだところが偉いと思う。精神分析が宗教の代わりをせなんだところが偉いところだ。外道じゃなかったね。外道の方は、阿闍世《あじゃせ》に何をくよくよしとるんかと、こういったんです。いらんこと考えとるんじゃないかという具合にね。訪問してきて嘘をつくんだ。「あらっ」というようなことをいうんだ、「えらい暗い顔しとるな」、「何しとるんかね」という調子で声をかけるんだ、嘘なんだ。耆婆はそうではない、「苦しかろう、苦しいでしょう」と、声のかけ方が違うわね、既に。外道の方は、人間を人間でなくすることによって救おうとしたんだ。人間をやめれば何も問題はないでしょう。反省することをやめれば、さとりもないけど迷うこともないわね。耆婆はそうではないんだ。人間を回復させせたんだ。人間というものを、つまり健康なる意識を回復させたんだ。けど人間をこえさせるわけにはいかん。そういうものがなかなかおもしろいと思います。まあ『観無量寿経』よりも『涅槃経《ねはんぎょう》』の方が、きわめてインド的でいかにもおもしろいわね。その精神分析というようなことからいえば、人間を病人としてとらえていることが、非常におもしろい。

これなんかアビダルマということが、非常に大事だと思います。なぜなら概念が明確なんです。人間が病気になるということは、何か遮《さえぎ》られており、そして覆われておるんだ。何が覆われておるかというと、人間の魂、求道心が覆われておるんでしょう。だから何も教化といっても与えるものじゃないんです。与えるというような立場だと大違い、人間は皆もっとるんです。それ自身に宗教心をもっているんです。ただその覆われておるものが重いんだ。まあいってみれば全世界が覆われておるんだ。さっきいったように誘惑に満ちておるんですから。それを解明すること、これほど大きな仕事はない。三千大千世界をあぐるより重いと、こういわれたんだ。しかしそういうものは、社会運動とか学問とか、そんなことをすれば重いけども、自覚すれば一挙や。マッチ一本で消えるんですわ、重いけど。いかに自覚というものが大事かわかるでしょう。自覚しかないでしょう。

で、まあさっきいったように、苦行は捨てたんだけど、ジャータカになると苦行が内容になってくるんだ、おもしろいことでしょう。つまり苦行がむだになる、むだな苦労をしたんだ。というのは、そのむだな苦労する必要があったというんだ。あるいは逆にいえば、今日、仏になったのは、あのむだな苦労が必要だったんだ、むだのおかげであったんだと、流転に感謝するんだ。今が救われたということは、長い間の流転のおかげであったと。こういうのが、苦行がジャータカの内容とされるわけなんです。じゃそこまでにしておきましょう。

〈一九七八・一〇・一一伝道講究所での特別講義で、『教化研究』八四号〈一九七九・六・三〇刊〉、八五号〈一九七九・一〇・三一刊〉に掲載〉

浄土の教学

仏になる学

お話の題目は、私が求めたわけではないですけれども、主催者の方から、こういう題目で話をしてくれということだったんです。「浄土の教学」というわけですね。

私はかねがね思うことは、この頃はゴータマ・ブッダを人間にひきおろす、こういう傾向が一般の教養を支配していると思います。これは皆さんご承知のように、インド学的仏教学、インド学としての仏教学が、今日非常に支配的ですね。これは東京大学の学問であったわけです。これがまあ全部風靡《ふうび》していると思うわけです。

ゴータマ・ブッダは人間であると、人間であるけれども非常にすぐれた人間であると、いってみれば偉人です。そういうような考え方が今日の仏教学の教養を支配していると思います。けれども、それは仏教に関する学であるかもしれんけれども、しかし仏教学でない。仏教についての学問であるかもしれぬが、仏教学ではない。

仏教学というのは、仏になる学問をいう。仏になる学問、それを仏教学という。仏教に関する学ではない。仏教に関する学問なら、学者は別に仏になる必要はない。だから偉人といえば偉人ですけれども、別の言葉でいえば天才でしょう。宗教的天才というのが一般的常識になっています。だけれども天才は我々には関係ない。ゴータマ・ブッダが一人の天才なら我々と関係ないでしょう。

だけれども、皆さんご承知のように、我々にとってゴータマ・ブッダは応化身です。本願が我々に応化したんです。応化なら我々のために世にいでたのでしょう。我々のために生まれてくださったのです。我々と無関係でない。これはゴータマ・ブッダだけじゃない。龍樹《りゅうじゅ》菩薩でも、「龍樹大士出於世」という。ゴータマ・ブッダだけが応化身ではない。龍樹でも皆、世に出興《しゅっこう》された人です。

今日、仏教学ということを厳密に考えないといかんと思うんです。仏教学が堕落するのは教養になるからでしょう。大会を開いて、仏教の教養を得てかえるというのでは、そういう会からは僧伽《そうぎゃ》にならんと思います。この会がいわゆる集会になってしまう。本当の僧伽というものに、僧伽の一つの行事にならねばと思います。だからある意味からいうと、ムーブメント(movement)、運動という概念を考えてみなきゃならんと思います。

だいたいいうと、ゴータマ・ブッダが生まれた当時には、ゴータマ・ブッダのような人がたくさんいたわけです。それを沙門《しゃもん》といってます。沙門、婆羅門《ばらもん》ということがよくいわれるでしょう。

人を生み出す行

そういった点では、ギリシアによく似た点があります。プラトンとか、アリストテレスとか、ヘラクレイトスとか、そういう思想家がたくさん出てますね。あれは皆、哲学者とか、知恵を愛する人、こういう名前で呼ばれている。そういうものが、インドでは沙門・スラマナー(śramaṇa)でしょうね。

だから無数の沙門がいたわけです。遊行《ゆぎょう》という、遊ぶという字と行くという字を書いて遊行者という、ヴァンデルン(wandern)ですね。ちょうど、プラトンの、あの当時は寺というのではない、学校ですね。プラトンの学校はアカデミー(academy)という。アリストテレスの学校はこれを翻訳して逍遙《しょうよう》というでしょう、逍遙学派と。つまり逍遙という概念は遊行というんでしょう。遊行するということがなぜ大事かというと、思索するのにいちばん便利な姿勢なんです。思索するのにいちばん自然な姿勢が遊行なんでしょう。だからして、ソクラテスが話にいく場合、遊行していくんですが、思想がやむというとととどまるんです。思想が展開するとまた足を運ぶ。思想が行き詰まってしまうと足がとまってしまう。いつくるかわからん。

そういう姿勢。思想がそういう姿勢を取らせる。

新幹線で来てすぐかえる。それは商業、経済の用件なら、それですむんですが。だから日本人はもう思想ができんようになっているのでしょう。今の日本では、何でも仕事になってしまっている。これは仏教ばかりじゃない。日本の文化全体から考えても、そういう危険なものでないでしょうかね。今日、皆、幼稚園から大学までそうでしょう。大谷大学でも二千人もおるというけれども、今頃、真理を愛する人間が二千人もおるというと大変なことじゃないかね。第一、多すぎると思います。今日の会でも多すぎると思いますね。考えてみると、ゴータマ・ブッダが在世の時には、かえって摩訶迦葉《まかかしょう》(大迦葉)、舎利弗《しゃりほつ》、ああいう人が有名だったんでしょう。そういう時代であって、ブッダという名前も共通の普通名詞だったんです。釈迦族から出家したブッダという意味で、ブッダはいくらでもおったんでしょう。後になるとブッダはゴータマの占有語になっているというわけです。

人に生まれてきた人間です。その人というのは法から生まれてきた人ですわね。法から人間の世界に生まれてきた、それを通して聞くというと、聞いた人間の中に法が見つかってきます。そうでしょう。法から生まれた人が法を語れば、語った言葉を聞いた人間の中に法が出てくる。それを厳密にいえばトラディション、伝承でしょう。伝承という問題ですね。

自分の中に出てきた法が自分を救うわけです。そういうところに厳密な意味の歴史があるんではないでしょうか。だから、その歴史を行というんではないでしょうか。行の歴史というものは、歴史という概念も厳密には色々考えられますから。けれども、仏教学としての厳密な歴史は、よそからもってくる歴史概念ではなしに、厳密な意味の歴史は行という言葉です。

だから、ゴータマ・ブッダから始まった歴史、その歴史はヒストリーという意味ではないんだ。一人の人から生まれて人を生みだす行ですね。そこで本願というものが、宗教というものが行ぜられるわけです。行から人が生まれてくる。そして、その歴史がゴータマをブッダにするんでしょう。大覚世尊《だいかくせそん》にするわけです。ゴータマ・ブッダから始まった歴史が、そのゴータマ・ブッダを大覚世尊と、歴史が決定するんでしょう。歴史がなければブッダでない一人の沙門でしょう。無数の沙門の中のある一人の沙門から歴史は始まったんでしょう。その歴史がその沙門を大覚世尊と決定してくるわけでないかね。決定されたのが応化身です。

歴史は伝承によって成り立つ

この歴史に対して、一つそこに出てくるのは世界という概念でないでしょうかね。歴史に対して出てくるのは世界と。これが、今日の題目をいただいた中に、浄土、成仏国土です。国土という問題は歴史という概念と対応するんではないですかね。国土はブッダの国です。まあ大きくいえば歴史は菩薩の歴史です。菩薩の歴史に対して仏の国と。世界と歴史という構造をもっていると思うんです。

インドという国は、インドといいますけれども、インドという名前は人がつけた名前ですね。インド人自身が我々の国はインドだといったことがない。インドは人がつけた名前です。インドというのはおもしろい国です。国名をもたんですからね。中国やヨーロッパとえらい違いです。無数の王朝ができては滅び、滅んではまたできてくる。けれども、その記録がない。王朝というものをたいした問題にしなかった。インドという言葉も人がつけた名前ですね。

その中で、初めてインドに統一というものができたのが、皆さんも知っておられるアショーカ（Aśoka）でしょう。アショーカのおじいさんの時にアレキサンダー（Alexander）がインドの近くまでやってきた。初めてヨーロッパからアレキサンダーがやってきた。それで初めてインドの歴史がわかるようになってきた。アショーカのおじいさんからです。アショーカはみずからをマハーラージャ（maharajah）といわなかった。ラージャ（rajah）は王さんでしょう。マガダ（Magadha）の王といっておった。決して大王といわなかった。マガダの王にすぎん。しかしながらダルマをもって政治をする。法をもって政治をするというわけですね。マガダの属国にしないわけです。あらゆる王を否定して、自分は独裁的な王にならなかった。自分はマガダの王にすぎん。けれどもダルマをもって政治を執る。ダルマ、つまり国法です。日本における聖徳太子《しょうとくたいし》ですね。

だから、ご承知のように親鸞においてもね、一方に三国七高僧の伝承、これは教学の伝承ですね。一面には聖徳太子が対応しとるでしょう、『和讃』や何にでも。これは非常に大事なことでないでしょうか。両両相対峙《りょうりょうあいたいじ》するような位置を与えている。だからして、聖徳太子というのは日本における阿育《あいく》（アショーカ）王なんでしょう。あそこに初めて、『十七条憲法』という、つまり憲法というものが成り立った。それまでは、ただ一族の争いなんでしょう。太子以前は民族といっても、同族同士が争っとったんでしょう。まあ聖徳太子の時代でもそうだった。以後もそうだったかもしれぬが、ともかくそこに憲法というのが、あの時初めて成り立って、単なる氏族というものをこえた国というものが開かれた。和国という。しかし、これもまた考えてみんならんですね。

太子の憲法の研究は、今の歴史学者の誰でもやるんですが、親鸞が和国の教主とこういった。親鸞における太子はですね。「無始よりこのかたこの世まで　聖徳皇《しょうとくおう》のあわれみに　多多《たた》のごとくにそいたまい　阿摩《あま》のごとくにおわします」、そういう形容詞がつけられているでしょう。無始よりこのかたという形容詞がつけられている。そんなものは今の太子研究から出てこんでしょう。

だからやっぱり、親鸞における太子は、三国の高僧の伝承というものと両両相対峙している。まあ、伝承という概念も、これは非常に大事な概念ですね。つまり歴史は伝承によって成り立つ。伝承がなければ歴史はバラバラです。だからトラディションという概念は非常に大事です。連続しつつ一貫している。トラディションという概念が間違われるのは習慣になるためでしょう。習慣は死んだもので歩んでおらぬ。一千年前も、一千年後も同じものだと固定すれば、同じものが千年の間、一歩も歩んでおらぬ。それは行がないんでしょう。歩むところに行がある。歩まんなら単なる昔話でしょう。だから伝承という概念がなければ、歴史は切れ切れですわね。歴史という概念はすでに出来事という意味ですからね。

しかし、とにかく、あの時代の馬子とかは、仏教を信じたとかいっているけど、何も仏教をわかって信じたわけでも何でもないんでしょう。ただ利用しとるだけなんでしょう。あの時代に、ほんとうに仏道がわかったといえるのは聖徳太子だけでしょう。聖徳太子の『三経義疏《さんぎょうぎしょ》』が証明しておりますね。『三経義疏』という背景があって、憲法が成り立っておるんです。

真理から人は生まれてくる

話は横にそれますけれども、色々細かいことの問題を含んでおるんです。けれども、てっとり早くいうと、『十七条憲法』というのは日本という国の国法ですね。それに対して、浄土というものは何かというと、浄土の憲法は何であるかと、こういえば四十八願じゃないですかね。四十八願というものが、これは仏国の憲法でしょう。和国の憲法に対応して、仏国の憲法があるんですね。

その本願というものも、皆さん、『教行信証』に引用してあるような『大阿弥陀経《だいあみだきょう》』とか、異訳の経典を見られるとすぐわかるように、二十四願経とこういってますね。本願の数は四十八じゃない。二十四です。だから本願そのものも歩んでおるわけなんです。

真理というものは歩まんものでしょう。真理は歴史をこえている。真理は歩むということがない。だから真理は歴史にならん。真理から人が生まれてくるところで歴史が成り立つ。真理は出来事ではない。

法が人間の形を取る。その人間の形を取った法から人が生まれてくる。人からまた人が生まれてくる。こういうわけですね。法から人が生まれて、人と人との関係において、法が伝わっていく。法そのものの意志で伝わるわけではないですが、法というものが、法だけなら伝わるということがない。伝承ということもない。初めもなし、終わりもなしという。それがつまり真理性一般でしょう。

この頃の言葉を使えば、真理そのものやね。真理そのものというものじゃないかと思いますね。法性とか、真如とかいう言葉が使われていますがね。『教行信証』の「証巻」に出てくる真如とか、法性とかいう概念、まあ今日の言葉になおせばヴァールハイト・アン・ジッヒ（Wahrheit an sich）でしょう。真理それ自身でしょう。真理そのものは何も伝わるということはない。それから人が生まれてくる。そこに歴史となる、生まれるという初めがある。

だから、歴史ということは、人と、時ということが入る。いつか知らんということはない。時というものと、人というものが入ってくる。時というものがあってエポックというものができる。同じものが一直線ならエポックはない。だから奈良朝は奈良朝時代で完結するわけです。奈良朝が延長して平安朝になるわけでない。平安朝は平安朝として完結しておる。平安朝は中世ですね。鎌倉というのが大きなエポックでしょう。今日、日本の仏教を代表している道元、親鸞、日蓮というのはあのエポックから生まれてきておるわけですね。で、今日、明治に大きなエポックができてきた。そういう所に清沢満之《きよざわまんし》という人が出てきた。

本願は展開している

それが今また新しいエポックが出てきておるでしょう。この転換期をこえるということは、これは皆さんの双肩《そうけん》にかかっておるわけですわね。東本願寺の騒動も、そういう意味がなければ、意味がわからん。大きな転換期というものに意味がある。自分で変えれなければ、変えさせられるわけです。自分でよう変える力がなければ、変えさせられるんです。その変えしめる力を転じて、仕方なしではなく、あえて変えるというところに教学があるでしょう。そういう時代に我々は生きているわけです。

我々は普通、流転しておるという言葉を使うんだけれども、そうではない。流転させられておるんでしょう。流転を早く切りあげようと思えば、それは小乗仏教です。流されまいとして流されんということはない。流されまいと思うだけである。流されまいというのは思いにすぎん。現実は流されておる。そうでしょう。流されまいと思うのは目をつぶるだけや。それは小乗仏教でしょう。流されるというところに現実の人間がおるわけです。しかし、流される中に、あえて流れていく。これが教学でしょう。流されることを避けずに、しかも流れていく。流されることを離れず、しかもあえて流れていく。

それでね。本願自身も、進化しておるんでない。展開しておる。進化という言葉は自然科学でないと使えない。本願は展開しておるんです。展開しておるところに歩みというものがある、行がね。

論というのは個人の制作なんです。経は「我聞如是」ですね。個人の制作じゃない。これも一つおもしろいことじゃないかね。無論、これは誰かが作ったと、そんな無責任なことはいえんと思いますけど、経典も作者がなければできないものですからね。経典も一つの経典文学ですから。制作品ですからね。

だから、あれは皆さん知っているように、龍樹以前にもあるけれども、大乗の論家龍樹・天親ですね。ああいう人でない誰かが作ったんだろうという無責任なことはいえないと思います。

やはり、龍樹・天親という人々によって、制作されたかもしれない。だけども個人の名前が表現してない。経と論が一緒にできたかもしれない。論を作った人が経を作ったかもしれない。誰かがという無責任な、烏合《うごう》の衆が大乗経典を作ったということはありえない。論にも匹敵するという人がいなければ、経典も生まれるはずがない。

それはいかに作っても、経と論との限界がある。これは、善導大師がその限界を非常に厳しく主張したですね。ただ、仏語をとれといっている。論の誘惑に従うな、仏語をとれと。こういうのは善導ですが、『涅槃経《ねはんぎょう》』にもありますね。六師外道《ろくしげどう》というのがあるが、あそこに実語ということが出てくる。

本願によって制作された作品

だから何というかね。『大無量寿経』というのは大乗仏教の経典ですけどね。大乗仏教というものの実践だね。大乗仏教という歴史的現実は何かというと経典がそれなんですね。経典という一つの作品を生み出すということが大乗運動なんですよ。そのほかに大乗運動はない。これは非常に大事なことですね。大乗仏教が興って、それから大乗運動が生まれてきたのではない。生まれた大乗経典が大乗仏教であった。それは個人でない。個人が代表しているにすぎない。代表してくるのは論家、その論家の背景、論家そのものをして論家たらしめておるもの。

そういうことをあらわす言葉はないけれども、それを一般的な言葉でいえば、大乗の魂とか、ゼェーレ（Seele）とか、あるいは大乗精神とか、ガイストシュタルト（Geiststart）しかありませんけれども。そういうものを願といっとるんでしょう。本願から、本願によって制作された作品でしょう。個人の解釈でない。解釈には解釈される言葉がなければならない。

だから、皆さん知っているように、仏教にいちばん大事なのは言葉に感動することなのではないかね。同朋会運動でも、何か仏教の要領を記録したり、教科書とか、そういうものから何もわいてこないですよ。仏教の学問というものがあるけれども、まず、その言葉に対する感動が学問させてくる。感動を離れては教理になる。教理の研究からは何も出てこないでしょう。

だから、大谷大学四年専攻しても、試験受ければそれで卒業証書くれるわね。そんなものから何もおこらんでしょう。二、三年勉強したような教養で、この現代の厳しい資本主義体制でやれるはずがないでしょう。資本主義体制で生きれば、人間であることをやめんならん。そうでしょう。やめんならんでしょう。息はできんでしょう。息ができんから、みんな外国にいくんでしょう。観光旅行になるんでしょう。善導でいえば「南北に避《さ》り走らん」とするのでしょう。そうでしょう。あんだけ旅行がさかんだというのはおれんからですわね。そこには人間を捨てんならん。わずかにそこで慰めておるのは、旅行とか、音楽とか、舞踊とか、スキーとか、遊戯でしょう。逃げておるだけではないかね。これを破って、それを避けるわけにはいかん。

だけれども、それに溺れては何にもならん。だから流されて流れなきゃならん。それが教学の課題でしょう。教学の課題というのはあなた方一人ひとりの課題でしょう。

人間に語りかける言葉

この『大無量寿経』に、散文のほかに、ガーター（gāthā・偈）がついてますね。あれは非常に大事なことです。散文と韻文とは大事なものです。韻文の方が先にできておるんではないでしょうか。作品という言葉が非常に混乱するのはどういうことかというと、製造品と違うという意味です。制作品となると製造品と違うんではないかね。製造品とは何かのために便利な道具でしょう。そういう機械とかでできるのは生産物ですね。そういうものと制作品とは違う。制作という概念は製造という概念と違うんでしょう。そこには表現というものがある。生産物なら、生産物をあらわす言葉は記号でいいわけです。記号も言葉かもしれんけれども作品はそうじゃないでしょう。我々に語りかける言葉でしょう。便利だという要求に通ずる言葉でない。便利だということとの中に覆われているその底にあるものに呼びかける言葉でしょう。

　損したとか、得したとかを離れて人間はおらんけれども、それが人間のすべてではない。それに閉ざされている人間だね。製造品の世界には人間はおらん。人間はいないんじゃない。覆われている。その殻を破って人間に語りかけるのは、これは記号じゃない。言葉でしょう。だから、言葉が生み出した作品だね。

作品というものが聖典になる。『歎異抄』とかね、『教行信証』とかね。そういうものが聖典になる。法主《ほっす》（宗主のこと）の書簡というのは別に聖典になりゃせんがね。法主の書簡とか、天皇の詔勅《しょうちょく》とかは聖典にならん。法主のつくったものは全部だめかというと、聖典になる法主もおるわけです。それが蓮如《れんにょ》上人でしょう。蓮如上人は法主であるけれども、ただ法主ではない。仏者や。あの時代の法主という位置を自分が好きで取ったわけではない。あの時の法主という形を取らせるのは、一般的な大名の国でしょう。その当時に、念仏の僧伽が、大名国家という形を取らんならん。そうしなければ生きれんでしょう。封建時代がいいも悪いもない。歴史的現実や。封建時代には封建時代という形を取らんならん。封建時代を取らずにこえたら、それは逃げちゃうことになる。逃げなきゃ封建時代を取らざるをえんでしょう。封建時代には封建時代の形を取るとともに、それをこえなきゃならんですわね。そういうもののいちばん具体的な例が蓮如上人、蓮如上人の『御文《おふみ》』とか、『御一代記聞書《ごいちだいききがき》』とかですね。

親鸞が担った使命

今日では、『歎異抄』がよくはやっています。この間も、専修学院の信國《のぶくに》（淳《あつし》）院長の葬儀があったところなんです。信國さんは『歎異抄』一本槍でこられた方ですね。そういう伝統があります。『歎異抄』は清沢満之によって発見されたけれども、実は『歎異抄』によって一生生きた人がいる。そういう伝統があるわけです。近角常観《ちかずみじょうかん》とか、池山栄吉《いけやまえいきち》とか、信國さんもそういう人であった。

しかし、ただ『歎異抄』ばっかりがすぐれているわけではない。蓮如上人の『御文』もすぐれている。『御文』というものも非常にすぐれた国文なんです。だから形は似たようなものはなんぼでもできる。形は似てるけれども、表現になっておらん。

まあ考えてみなさいよ。『教行信証』というものは、親鸞がその時代の人に仏法を語るために作ったのではない。親鸞はむしろ聖覚《せいかく》法印の『唯信鈔《ゆいしんしょう》』とか、法然門下の人々のものとかをすすめておられるでしょう。だから『教行信証』というものは、その時代に語りかけるために作った本ではない。何か歴史的使命にこたえた本ですね。まあいってみれば、七高僧の最後は源空《げんくう》上人、法然房源空ですね。それは、『選択本願念仏集《せんじゃくほんがんねんぶつしゅう》』というのが代表しておるわけですね。それに続くという意味があるわけでしょう。そこから出発して、その『選択集《せんじゃくしゅう》』のほんとうの精神を明らかにするという、ほんとうの精神を明らかにするということが『選択集』をこえることですね。『選択集』をやっつけたりというのでは、『選択集』をこえられんのです。『選択集』というもののほんとうの精神を明らかにすることが、おのずと『選択集』をこえていく。『選択集』をこえたもので『選択集』が伝わっていく。そういうのは進化といわない。展開というのです。そういうものなんです。

だから、親鸞聖人の歴史的確信としては、八高僧という自覚があったのでしょう。八高僧という自覚で作られたのが『教行信証』でしょう。けれども「わしは八高僧」といったらあかんわね。そうすると野心家ということになる。自分は八高僧といったら話にはならん。親鸞という名前がそうなんでしょう。房号は善信《ぜんしん》だ。親鸞という名前は親鸞が担った使命やがね。つまり天親と曇鸞の教学という意味です。教学的使命を語っておるわけでしょう。そういう使命を自覚して作られたのが『教行信証』でしょう。

「如是我聞《にょぜがもん》」という態度

ここを考えてごらんなさい。あの『教行信証』を『御文』というような形に誰が書き換えられるか。『教行信証』をやめて作ったのではない。『教行信証』を噛み砕《かくだ》いて作ったんでしょう。『御文』の形になった。ほかにそれだけの人がありますかね。『御文』のような形に『教行信証』の思想を噛み砕いたんだ。牛が反芻《はんすう》するように。『御文』は驚くべき意義をもつでしょう。そういうものが、だいたいカテキズム（catechism）というものだ。

僕はちょっと一例をひくと、マルキシズムの運動なんかが、いつでも『資本論』とかばっかり出すでしょう。労働運動が労働者みたいな言葉を使わんがね。裃《かみしも》をきた言葉しか使わんでしょう。つまり、カテキズムがないんだ。共産運動には『御文』がないんだ。そういうこと一つを考えてみられても、蓮如上人の『御文』の制作はすばらしいものだということがわかりますよ。

よく考えてみれば、文章がいいんです。思想がいいということは文章がいいということが証明しておるんです。思想と言葉が一つになったものを作品というんだ。思想と言葉が分かれてしまえば記号になる。だから文学作品ということを、皆さん大事に見られるということが大事なんではないかと思います。

そういう作品に対して、我々が取る態度は「如是我聞」なんだ。「如是我聞」という態度が、作品が要求しておる態度だ。「如是我聞」というのはなるほどとうなずくことですね。言葉に感動することだね。言葉の内容に感動するんでない。内容が言葉になっておる。それが作品ですわね。言葉と内容とがわれれば記号になってしまう。内容が言葉になっておるんだ。その内容は真理でしょうけれど、その真理が言葉となって、その言葉を聞けば、その言葉を聞いた者の中に言葉が見つかってくるでしょう。

言葉と真理とを合わせたそういう概念はないけれども、それをギリシア人は、ロゴスといっているわけですよ。ロゴスは言葉という意味と同時に、また道理という意味がある。兼ねるから、それでロゴスというんでしょう。言葉は言葉だけれど、あらゆる言葉を代表するのが名前でしょうがね。あらゆる言葉を代表しておる。つまりそれがノミナティブ（nominativ）ということだね。あらゆる言葉の主語となっておるのが名前でしょう。煎じ詰めていくというと名前ということです。本願の名前ということがロゴスになってくるわけですね。

経典に流れる感動

結局、誰の言葉でも聖典に入るものじゃないです。本願の言葉から生まれて、また言葉を作った人の言葉が聖典に入ってくる。そこに一貫して、大きな感動が流れている。だから法主という人の言葉がみな聖典になるわけではない。そういうことをつくるのは教団の政治家の考えですわね。聖典を利用して、何か教団を統一しようとかね。そういうものから、いろんな法主の書簡なんかを盛るんです。聖典というものがない学問ね、それが今、はやっておるでしょう。それを植民地の文化というんだね。いつでもゼロから出発する。何もないんだから。

全部古いものはだめだと、新しくやると。新しいというて、どこが新しいかね。新しいものが真実だという証明はどこにもない。古いものをやめて、新しいものをつくるというのは間違いですよ。迷っている証拠だ。古いものが新しいんですよ。古いものをやめて、新しいものというても、それはゼロから出発した安物ですがね。新しい新しいといっている間に古くなるでしょう。新しいものを追っかける人間はいつも古くなる。追いついた時には、古くなっておるがね。古いものの中に新しいものを見る。無限でしょう。古いものの中に新しいものを見つけるということは無限でしょう。だから急がば回れということがあるわけです。そういうものに古典という字がつく。経典は古典やがね。いってみれば、キリスト教が非常にいいのは『聖書』というものがあることだね。『新約聖書』、『旧約聖書』、イスラムには『コーラン』というものがありますよ。みな聖典があるんですよ。

宗教心の厳しさ

大蔵経というもの、ああいうものを作るのが中国人なんでしょう。あれは漢民族です。自分が経典を作っているんでない。入ってくるものをみんな集めるんですから。インド人は作りゃしません。ある地方に『法華経《ほけきょう》』というものが生まれてきた。別の方で『大無量寿経』というものが生まれてきたと、こういうわけだ。皆その地方、その地方から生まれてきたものだろうと思います。

分類して、歴史的に発展したものが、一時に並べられるから蔵経ができる。そうでしょう。できたのは、歴史的に生まれてきたもの、それを見る時は一時に見えるでしょう。そうすればそこに部類分けせんならん。部類分けするということは、整理するということでしょう。大蔵経というのは、整理するというような、そういう関心から生まれたものが大蔵経です。大蔵経をもち回るということはできんわね。

キリスト教にしても、イスラム教にしても、これはまあいってみれば、皆さん知っているように、砂漠から発生した宗教ですからね。砂漠の宗教です。キリスト教でも、イスラム教でも。そういう事情がありますから、まあそういう意味で、宗教というものをよく理解しなけりゃいけない。仏教とキリスト教とを比較するとかですね、簡単にそういうことをしてはいけない。比較ということは、同じ地盤から発生したものであるからして比較することができるんです。同じ条件がそろってから。全然条件が違ったら比較してみようがないでしょう。

まあ言葉でいえば、ギリシア語とサンスクリット語を比較することができる、言語族が同じですから。漢民族の漢文とは比較することができない。語族が違うでしょう。比較することができん。対象してみることはできるけれども、比較するということは、厳密にいえばできないでしょう。

だから、僕はまあ宗教心というようなものを抽象的に考えて、ああいうような砂漠、砂漠は荒野というんですね、荒れとる野や、荒れ野に宗教心が発生するというと、ああいう形を取らざるをえない。イスラムのような、『旧約聖書』のような、ああいう一つの厳しさですね。だから今はびっくりしているでしょう。イスラムの厳しさに。あの厳しさという形を取るわけです。

砂漠で他人の食物を取れば、取られた人は死なんならん。ただ損したというような程度じゃないです。人を殺したことになる。おむすび一つ取ることも。だからして、盗みというものがそれだけの意味をもっている。厳しさね。ああいう形を取らざるをえないですわ。

日本民族の発見した経典

インドは違うでしょう。モンスーンでしょう。モンスーンというような独特の現象がある。まあ非常にそこに大きな風土というようなものが、この歴史には非常に関係するからね。日本でもやっぱりそうなんだ。島国というけど日本の悲劇は、島で生まれたにもかかわらず、島を忘れたんや。まあいってみれば、風土ということが大事な話であってね。あの鎌倉時代に、日蓮《にちれん》、道元《どうげん》、親鸞というような人が出たけれど、これは宗教改革なんだ。弘法《こうぼう》大師や伝教《でんぎょう》大師の教学はあれは包容でしょう。一切を包んでいくのが、あの二人の高僧なんです。包む時代。何を改革したかといえば、鎌倉はそうじゃない。選択や、今度は。一つ取っていくというわけやね。だからそこに『法華経』と『大無量寿経』が選択摂取されたんだ。『法華経』と『大無量寿経』が日本民族の発見した経典だわね。こんなところで『阿含経《あごんきょう》』を出したところでこれはできない。

けれど、今のパーリ語や原始仏教の研究者が、ニカーヤとか、阿含を研究しとるのと、清沢満之が『阿含経』を尊敬されたのと、意味が違うんです。清沢満之が『阿含経』を尊敬されたと、そこに特色があるんだ。それが『教行信証』でなく『歎異抄』を選ばれたと。それからプラトンとかソクラテスを選ばずに、エピクテタスという人を選んだと。これは非常に特徴がある。一貫したね。あれを選ばしめたものは何であるかといえば、自己でしょう。

真理そのものは誰のものでもない

自己とは何ぞやという問いを出したのが清沢満之です。その自己は、今日の概念でいえば実存でしょう。実存的自己でしょう。その頃は実存という言葉はなかった。実存という言葉のない時代に実存を生きた人、そうでしょう。それが清沢満之でしょう。それがああいう経典を選んだ、『歎異抄』をね。あるいはエピクテタスを選んだ。プラトンとか、アリストテレス、そんなもの選ばなかったんですよ。

普通では何ていうかね。一切を捨ててか、まあそこらへん問題ですけど、一切の中から一つを取ると、こういうような意味ですが、そういうのを普通の外国の思想では一神教というわね。つまりもう、一神教という概念が砂漠の宗教を代表しているんです。ギリシアは多神教でしょう。ギリシア、インドは多神教でしょう。荒野の宗教は一神教。何かそこに厳しさがあるんですけど、考えてみるというと、道元、親鸞、日蓮の教学は、ある意味の一神教でないですかね。

専修念仏は一神教、そうでしょう。全世界が『妙法蓮華経《みょうほうれんげきょう》』に帰するというのは一神教でしょう。道元は「只管打坐《しかんたざ》」という。いろんな中に禅があるのでない、禅が世界を包むんだと、こういうわけでしょう。ある意味の一神教だ。ああいうことは、一神教という言葉にとらわれるというと問題があるけど、一神教になっとるでしょう。

『大無量寿経』というものが、これが、大蔵経の中から選択摂取した経典なんだ。これは、『大無量寿経』を選んだから『法華経』がだめだっていうんじゃない。『大無量寿経』を選ぶものもあり、『法華経』を選ぶ人もある。こっちを選んだから他を排斥する必要がない。こっちを選んだのが他を排斥するという意味が、ヨーロッパの一神教や。仏教はそういうのじゃないでしょう。

真理そのものは誰のものでもない。さっきいったように、真理それ自身というようなものは、時と人をこえているもの、しかし作品になると時と人がいるでしょう。だからAはAとして真理そのものを具体化するし、BはBとしてそれを具体化する。別にAを立てるためにBを否定せんならんことはない。AはAで一切を尽くしとる。BはBで一切を尽くしとる。そういう意味の一神教ですわね。排外性というものをもたない。

ヨーロッパの方では、何か排外性をもつということが特徴でしょうけど、インドから出てきた仏教は一神教だけど排外性をもたんという意味です。けれどこれも、さっきいったように、そうなるのも風土なんだから、だからして砂漠の宗教はだめだとか、低いとかということはいえない。あそこに、砂漠に身をおくと、ああいう形を取らざるをえないんです。やっぱりそういう、風土性ということを理解するということが非常に大事なことでしょう。

自己の志願の表明

それでまあ、えらい話が横にとびますが、横の話しか僕はないんですが、横でも押していけば竪になっちゃう。それの方が自然。横ぐるまといってね。横超ということがあるでしょう。横超の菩提心。横超というのは、あまりいい言葉ではないでしょう。横ぐるまとか横着だとか。そういうのじゃないでしょうかね。竪の方が正しいんだ。おもしろい名前ですがね、横という字は。「この心を推《すい》《オス》するに」と親鸞はいってますでしょう。推《お》せばいいんです。推さずに、これはいいとか、あかんとかいってはいけない。一つ推すと包んでくる。推さんから一つにしか見えんのです。

まあ、今日の主題にかえりますというと、『大無量寿経』には、上巻には偈文がついてますね、二つの偈文。「嘆仏偈《たんぶつげ》」と「重誓偈《じゅうせいげ》」というものがついている。下巻の方は一つだけれどもね、これは古い経典を照らしてみれば、やっぱり二つなんです。下巻の偈文は長いけど、よく考えてみるというと、二つの偈文が結びついているから長くなるのであって、前半と後半とは全然意味が違う。後半はもう流通分に属するんですから、そうしてみれば、上巻にも二つの偈文、下巻にも二つの偈文と。だいたい韻文というものが散文に先立つものでしょう。

韻文でいえば、「嘆仏偈」の中に、仏を讃嘆するというんですけど、ただ讃嘆しとるんでない。仏を讃嘆することを通して自己の志願を表明していくわけです。その自己の志願を見てみるというと、仏になりたいとかね、そこに願が出てくる。なぜ仏になりたいかというと、仏にならなければ一切苦悩の衆生を救うことができんからであると。仏となることによって一切を救うと、こういうことが第二番目です。

それで終わったかと思うというと、今度は国土というものが出るでしょう。「国土をして第一ならしめん」、「国泥洹《ないおん》のごとくして、等双《とうそう》なけん」、とこういってある。すると、自分が仏になるとか、一切衆生を救うとかということを完成するのが国だわね。国というものが出ておるでしょう。

本願の国土――流転をこえるもの

それから『正信偈』になるというと、「重誓妙声聞十方《じゅうせいみょうしょうもんじっぽう》」、今度は名になる。国土が国土の名になるわね。「国土の名字《みょうじ》仏事をなす」という言葉が『論註』にありますね。名がはたらく。国がどっちかにあるわけじゃない。国が名詞じゃない、名詞がすぐ動詞になる。動詞になった国土が名でしょう。こういうようなことがきちんと韻文の中に表現されているでしょう。まあいちばん最後になりましたけども、第一にね、こういったらいいんです。国という概念で僕は思い出すんだが、プラトンの最高傑作は『国家論』でしょう。イデアの国やがね。それから教父時代、アウグスチヌスのは『神の国』でしょう。国という問題がなかなか容易でない。マルクスが出てきたら、国を破ったけど、これは民衆の国でしょう。民衆の国。こういうことを一例あげてみても、僕は思うんですよ。人間が流転しているのは、ただ流転しているんじゃない。国を求める。魂の国でしょう。

まあ、もっともいい言葉は、「弥陀の本国四十八願」という言葉である。本願で国を作ったともいえるけど、本願そのものが国なんです。これが『大無量寿経』が明らかにしようとしている国だ、本願の国やねえ。民族国家でも何でもない。世界といっても、世界が国でないと触れられない。国をやめて世界といったら空想や。

だからこういえるでしょう。人間は国を求めて流転している。国ということが魂の安《やす》んずるところでしょう。つまり、そのファーターラント（Vaterland 祖国・故国・本国）でしょう。我々のホームじゃないかね。故郷じゃないかね。それを忘れとったんだ。だから国を求める。しかし国を求めて実現してみるとあわんです。国が実現されてきた。みんな国を実現してきたんだから、独裁国家というのも、封建国家というのもね。資本主義国家というのも、マルクスのいう、これは一国共産主義やわね。そういうのも、みんな国を求めてきたんでしょう。願ってきたんです。

けれど実現してみたら願いと違う。じゃあ、あきらめるか、あきらめられない。出てきたものは、願ったのと違うけど、出てきたものであきらめるわけにいかない。もう一ぺん試みてみようと。それでまた、出てきたものはだめかもわからんけど、また試みてみよう。あきらめるわけにはいかん。そういうものを国というんです。あきらめられんものや。

だから、こういう具合にですね、人間は流転しているというけどね、ただ貧乏して流転しているんじゃない。国を求めて国が得られずに、流転しとるね。国を求める。求めるけれど得られない。つまり国を求める心を願生浄土というんでしょう。願生心で流転しとるんです。願生心でしょう、『大無量寿経』の宗教心は。願生心というのが『大無量寿経』の明らかにした宗教心だ。これは国土の願だわね。願生というんだから、生ずるところでしょう。

だからして、こう考えてくるというと、『大無量寿経』の宗教というのは、えらい深いところに根をもっているでしょう。しかもいちばん近いところや、そうやないかね。国を求める、求めるんだけれど得られん。得られんけど求めずにはおれんという、それは願生心でないか。願生心で流転しているんだ。願生心がはっきりすれば、そこで流転をこえるんです。では、お話はそこまでにしておきましょう。

（一九八〇・二・二二「同朋会運動の願いに聞く集い」での講話で、
『教化研究』第八七号〈一九八〇・六・一刊〉に掲載）

〈聞　記〉

荘厳《しょうごん》と回向《えこう》

——先日の衆会は、一五〇人くらいの予定でおりましたのが、三五〇人ほどの方がお集まりくださったので、だいぶ先生もお話なさりにくかったでしょう。

安田　あんなたくさんの人がみえるとは思わなんだ。あれはやっぱり、教団に関心があるからですわ。自分の問題になってきたんでしょう。これまでは誰かがやってくれるということやったけれど、初めて自分の問いになってきたんでないかね。

これまでは、問いをもたなんだんでしょう、答えられたものとして。今度は初めて問いになったから、ああいうことになる。わからんけれども、何かそこにあらためて考えてみたいということがあったんじゃないですかね。

——先生が充分にお話できなかったということを聞きましたものですから。「荘厳と回向」ということで、何か特におっしゃりたかったと……。

安田　「荘厳と回向」ということだったけれども、とてもそこまでいけんわ（笑）。僕の場合は、もっと現実の問題――教団は現実の問題ですから。現実的ということと、根源的ということがあってね。根源的な問題となると、教団は『浄土論』になるんです。浄土の問題になる。それが、教団の根源的な意味ですから。そして浄土について、「荘厳と回向」ということが出るわけです。そんなところまでいきたかったけれど、まあ、それを話せば、またいいきれんでないかね。

「無碍の一道」というのがあると思うんです。教団には改革派とか、保守派とか呼ばれている流れがあるでしょう。それはまた、それで意味があるんだけれど、根源的な問題としては、改革しても、改革せんでも、そこで仏法が聞けるということだけは無碍だ。これを妨げるものは一つもないわね。そのことだけあればいいんじゃないかと思う。古くても、そこで会が開ける場所が与えられる。それだけでも感謝していいんでないか。場所まで改革せんと、話ができんというものではないと思うんですね。だからして、古かろうが新しかろうが……。

古いものを捨てて新しくなるという、そういうものはだいたいいうと科学なんです。科学というのは、過去は意味がない。新しい方へ向いていく。

ところが思想というのは、かえって古い方が大事なんだ。逆行や、思想というのは古くかえっていく。その古いという意味は、時間的というより、根源的やね。思想家が新しいことをいったら、そんなものはあてにならんです。何でも現代的というか、新しいことをいうのは思想家じゃないんですよ。思想家というのは、やはり「荘厳と回向」みたいに古い題を出さんとね(笑)。そういうものでないかと、僕は思うね。

科学というのは、新しくないと意味がない。それだけに科学というものを無視するというのは、反動になるんです。でも、科学に引きずられていたら、流転になるんです。無視すれば反動になるしね。そうかといって引きずられていたら流転していくだけだ。

古いものを捨てて、新しいものになったという。しかしその新しいものが実現した時は、新しいものは古くなっていく時、そうでしょう。新しいものを求めるという生き方が、だんだん古くなる道です。

思想はそうではない。古いものの中に新しいものがある。思想の道というものと、科学の道とは逆になっているんでないかと思うんです。

——その思想の道ということで思い出すのですが、『論註』に、「知進守退《ちしんしゅたい》」という言葉があるでしょう。あれはどういう意味をあらわすんでしょうか。

安田　あれはつまり、根本智が方便智を忘れんという意味でしょうね。『論註』に一貫した思想は、そういう意味ですね。それは、『浄土論』がもとにあってね。障《しょう》菩《ぼ》提《だい》門、順《じゅん》菩《ぼ》提《だい》門というのにもとがあって、あそこに三つの門が出ておるでしょう、智慧・慈悲・方便と。普通では、智慧と慈悲方便で、慈悲と方便は一つだ。ところが、智慧・慈悲・方便と三つに分かれてくる。ああいうのが、『浄土論』のもっている独特の――ああいうのが瑜《ゆ》伽《が》教学の三性ということに基礎があるんでないかね、遍計所執性《へんげしょしゅうしょう》・依他起性《えたきしょう》・円成実性《えんじょうじっしょう》というところに。そういうのが背景にあって、三つになったんでしょう。

曇鸞大師は、般若教学ですから、般若というものにとどまるというといかんというんです。それからまた、進むばっかりではいけない。「知進守退」というようなことは、般若教学から出るんでないですか。

『浄土論』では三でいくし、般若は二つでいくわけです。そんなのがあって、そういう三つを失わずに、二つの形でやっていこうというのが『論註』です。

で、「知進守退」というような場合は、訳語というよりも生きた漢文なんだ。それを自覚することが大事だ。翻訳語でないんだ。「知進守退」といったら、生きた漢民族の言葉だ。そういうことがいちばん大事なことでないかね。漢文として、りっぱな言葉ですわね。

――その場合、守退というのは退くを守るという、守るという意味がもう一つ……。

安田　保護する。学問というものがあるでしょう。学問というものは、正しい学問――学問が発達するというと、今度は同じ学問を使って――学問というのは理論ですけれども、理論に先立って論理というものがある。論理というものは、正しい理論を作る論理があるけれども、その論理が正しいものをまげて、誤らせていく力をもっている。

それをソフィストというんだ。仏教では外道というんだ。六師外道と。ギリシアでは、ソフィストだ。詭弁《きべん》家だ。詭弁家の論理は、詭弁家でない思想家よりも鋭いんですよ。プラトンや、アリストテレスはソフィストの議論に負けてしまうんだ。

だから、その論理を使ってやっていく連中を論理で倒して守るわけだ。そうして、論理を使って、欺瞞《ぎまん》の論理を破ると共に、今度は正しい論理をのばす。それで「知進守退」になる。退くを守ると。

じゃましてくるからね、論理で。それをくいとめねばならん。やはり、両刃《もろは》の剣というように、論理というものはへたをすると、敵を倒すけれども、自分も倒されてしまうというのが論理ですからね。つまり詭弁ですね。

それを仏教では諍論《じょうろん》というんです。諍論は避ける。善導大師の言葉で、親鸞が非常に『愚《ぐ》禿鈔《とくしょう》』で注意しておられるように、仏に印可《いんか》されんような議論は、たとえ菩薩の論理であっても、それは無益だ。それは無利益であり、無記・無利・無益、つまり利益を何ももたらさない。議論のための議論は何ももたらさないという意味で、つまり意味のないものだと。イデオロギー論争というのは、何も生産せん。
正しい論争を正しくない議論にまきこんでしまって、うろうろさせてしまって、おくらせてしまう、実際の活動を。それをいちばん警戒せんならん。イデオロギー論争というものが、あいうことになるんでないでしょうか。今、非常に多いわね。それで、正しいことを考えている連中は口はへただしね。議論には負けるし、正しくない連中の方に引きずられてしまうという現象が多いですね。

——そしたら、退かないようにするという意味ですか。

安田　ええ、般若でも、般若にとどまったら、阿羅漢《あらかん》になってしまう。さとりでも、さとりにとどまったら何もせんということだ。A is Aといったら、いちばん必然でしょう、論理からいったら。必然性はA is Bではない。そうでしょう。あるものはある。ないものはない。それはもう完全な論理ですけれど、そういうことをいうのは、いってみても、いわんでも同じことでしょう。

また、一切皆空、それは間違いないけれども、それはいってみたって、何もいわんのと同じことだ。そうでしょう。禅宗のさとりでも、さとりにとどまったら、今いったように必然ということになる。迷っているんでない、さとったんだから。しかしさとりでも、さとりにとどまったら二乗に転落するんでないかね。阿羅漢になる。大乗を失うんです。だから、さとりは無分別だけれど、無分別が無分別にとどまるというと、何もせんと。だから、今度はあえて分別する。こういうものが出てこんというと……。

あえて、分別するというところで、退くを守ると。今度は、その根底なしに分別しとったら、ますます迷いを深くするんですから。だから、ちゃんと、分別というものの限界を知っているわけだ。それが、進むを知るということですね。

――今度の衆会の記録という形で、編集をするものですから……。

安田　今いったように、教団の問題は根源的には浄土だと、そういうことです。

つまり、浄土がきておるんです。浄土がこんのに、色々な教団を論じてみたところで、それこそ暗中模索でしょう。浄土がきておるんですよ。それだから、往《い》けるんです。浄土がきておるというのが名号です。名号というところに浄土がきておるんです。だから、我々は名号でいけるんです。

こんのに、往こうといったら、そりゃあ理想主義になるわね。イデアリスムス（Idealismus）になるか、あるいはプラグマティスムス（Pragmatismus）になるかです。色々実際的にやってみると……。

きとるのを回向というんです。だからして、天親菩薩《てんじん》では願心荘厳といって、荘厳ということが出てくるでしょう。回向ということを明らかにしたのが、これも『浄土論』だけれども、しかし、回向を徹底的に明らかにしたというのが『論註』なんでしょう。還相《げんそう》回向なんていうことを考えたのが。

『浄土論』には、還相回向といういい方はない。意味はあっても、表現はない。だから、たとえ瑜伽派の論理でなくても『論註』が、『浄土論』に対して意味をもつのは、結局一語に尽くせば、回向にあるんじゃないかね。『論註』は膨大だけれど、結局は利他回向というところに、他利利他の深義《じんぎ》というような、深義ということを親鸞が押さえているように、自利回向でなしに、利他回向という、その利他回向ということの意味が、還相回向なんです。利他回向ということを極限的に考えたのが、還相回向という新しい名前を作ったんじゃないかね。

――そうしますと、往く方の意義を荘厳ということで説明していると……。

安田　いや、そういう意味じゃない。荘厳されるものは浄土だけれども、荘厳する場所は穢土だ。こういうことではないかね。浄土は固定しておらんと。

我々がわからんものがわかっていくとか、一人でもまなこを開いた人ができるということが浄土を荘厳するということだ。それを取っちゃったら浄土を荘厳することはないわね。で、浄土を荘厳するということが、実は一面からみるというと、向こうから回向されてくる。荘厳するんだけれど、荘厳することが回向されているわけです。そんな関係にあるんでないかね。

〈一九八〇・三・二三の聞書で、『教化研究』第八七号〈一九八〇・六・二刊〉に掲載〉

回向

回向の概念の変革

与えられました講題は、回向ということですが、ご承知のように「謹んで浄土真宗を案ずるに、二種の回向あり」と、こう『教行信証』に掲げて表明してあるように、だいたい浄土真宗というものの教学の全体を代表する標語は、回向にあるわけです。

回向という言葉は、昔からあったんで、『華厳経《けごんきょう》』の「回向品」というのがありますように、回向の概念自身についてはめずらしいものではないんですが、それが浄土真宗というものを代表するような意味をもってきたのは、回向の概念の変革です。概念自身は変わったことはないんですけれど、回向というものを考える立場の変革によって、回向の概念というものが、これまでとは逆になってしまった。

もっといえば、利他回向ということがあります。曇鸞《どんらん》大師は他力回向というんですけれど、自力とか、他力とかいう言葉は、曇鸞自身が作られた概念であって、曇鸞以前にはそういう言葉はなかった。いってみれば他力とか、自力という言葉は、俗語です。厳密な教学の概念としては、利他というのがほんとうでしょう。利他回向と。あるいは如来回向といってもいいですし、願力回向というような言葉もあります。あるいは、願心の回向とか、色々我々の上に回向を考えるのではなしに、我々自身をその中に見出せるような回向というものが出てきたわけです。

真宗の念仏の信心というものは、本願成就の経文というものがありまして、「聞其名号《もんごみょうごう》　信《しん》心歓喜《じんかんぎ》　乃至一念《ないしいちねん》　至心回向《ししんえこう》」と。ああいう本願成就という、本願が我々の上に現実となった場合が成就ですね。如来の本願が我々の上に成就したということです。本願が信心として成就してくるわけです。救う精神が救われる精神になってきている。だから、そういう場合には、回向成就というわけです。単なる成就ではない、回向成就と。単なる成就なら、本願は本願として成就し、我々の信念は我々として成就するということになりますけれども、そうではなしに、むしろたすける本願がたすけられる衆生の上に成就してきたと。だから、本願が我となって我を救うというような意義が出てくるんです。それがすばらしいことなんです。

一念を信心にかえす

それで、至心回向という言葉が、本願成就の経文に出ているでしょう。あれが大事なわけです。本願成就の経文も、そういう立場から読み方を替えてあるわけです。まあ、そういうことは、漢文だからできるんでしょう。原文の梵文《ぼんぶん》経典なら、文章というのは文法によって読まんならんですから、そういうことはできんですけれど、漢訳聖典というものの融通性といいますか、そういうものを生かして用いて親鸞はあそこで独立させたわけです。その名号を聞いて、信心歓喜して、乃至一念までも回向すると、こういうように続けて読まずに、一念せんと、こう切るわけです。信心歓喜すること、一念せんと。一念を信心にかえすわけです。信の一念ということがそこに出るでしょう。続けて読めば、名号を聞いて、信心歓喜して、その聞いた名号を一念までも称えると、こういうことになります。

それを読み替えて、至心回向ということを独立させたのみならず、「至心に回向したまえり」という訓点をあそこへ用いたわけです。親鸞まではそうは読んでいなかった。乃至一念までも、至心に回向するといえば、心は信の一念ではない、行の一念ということになりますね。だからして、至心回向という概念が媒介となって、信の一念を受けて、次の「即得往生《そくとくおうじょう》　住不退《じゅうふたい》転《てん》」と、それが正定聚《しょうじょうじゅ》でしょう。信の一念に正定聚が決定すると。そう媒介するものが、至心回向です。

その本願成就の経文を、浄土真宗の教えというわけです。真実の教というのはまあ、皆さん勉強されるんですけれど、広いというよりも、本願成就の経文を徹底的に読むということで、学問はできるわけです。あれが真実の教ですね。『大無量寿経』を真実の教と、どこをいうのかというたら、始まりの「如是我聞《にょぜがもん》」から全部そうだと、そういうわけにはいかんでしょう。『大無量寿経』、真実の教といっても、本願成就の経文を押さえて真実の教と。その真実の教を通して、浄土真宗、本願を明らかにするわけです。たすけられた信心でたすける本願を明らかにする。それで、真実の教、浄土真宗という言葉がおかれているわけです。

そういう回向という概念は、非常に大事だということは本願成就の経文に、そういうのが出ている。しかし、それは訓点をあらためねばならなかったということです。初めから、そう明瞭じゃなかった。ああいう、訓点をあらためるというところに親鸞の徹底した思索があるわけでしょう。つまり、宗教的思惟やね。そういうものが、あそこに結晶しておるわけです。

大乗仏教こそ原始の仏教

で、これが本願成就の経文と、そう読み替えしてくる前に『浄土論』というのがあるんです。『浄土論』というものを通して、ああいうように読み替えてくる。その教えから流れてきた伝統によって、教えを明らかにするわけです。伝承というのはそういうものなんですね。後に出るものこそ根源にかえってくるのが伝承なんです。初めにあったものがだんだん薄くなるのが伝承じゃないんだ。後に出てきたものが、かえって根源なんです。小乗仏教から大乗仏教が出てきた。大乗が後から出てきたと、こういうのじゃない。大乗仏教こそ仏教の根幹ですね。小乗以前にかえる。根本仏教です。今じゃ、阿含やニカーヤの仏教のことを原始仏教といっていますけれども、そうじゃないんだ。大乗仏教こそ原始の仏教ですね。そういうのがいわゆる伝承といわれるものです。

これもなかなか面倒でね。今日では、伝承という概念が誤られとるんですわ。習慣ということになってますね。そうでしょう、伝承は習慣と。しかし、習慣はこれは死んだものだ。死んだから習慣になってしまう。伝承ということ、トラディションという言葉は、いつでも生きているると。生きたものが生きたものに連続していくと、こういうところにトラディションというものがあるわけです。だから、習慣とか、慣習とか、因習とかいえば、教学ばかりでなく、教団形態でも皆そうでしょう。教団の組織とかね。

そして、そういうものでなしに、思想が習慣化された場合は、それは教条主義になるのでしょう。ソビエトのマルキシズム（Marxism）なんかもそうです。一国共産主義ということを中国でもいうんです。敵が、資本主義が外にある場合はいいです。そういう場合は共産主義国家は生き生きしている。しかし、外よりも力が強くなってくると、今度はかえって内に問題が出てくる。今まで自分の立っておったマルキシズムが今度は教条化されてくる。熱がないものになる。ただおぼえているだけというものになるでしょう。内から死んでいくわけです。教学でも教条主義というものになってしまうと死んでしまうわけです。こころうべしということになると死んでしまうでしょう。だから伝承という概念を非常に純粋に考えるということがですね……。

仏教でも等流《とうる》ということをいうんですがね。異熟《いじゅく》に対して等流ということをいう。前のものと後のものとが連続して、それが平等であるという意味で等流というんです。しかし、これは平等というばかりではなしに、増流《ぞうる》という。増してくるわけです。等流というのはただ同じだけでない、同じことを繰り返しているんじゃない。一層、明瞭になってくるのです。後から出たものが前のものより一層明瞭になっていく。「青は藍《あい》より出でて、藍より青し」というでしょう。あれが等流です。一層という意味が等流といわれています。ただ同じように流れているという意味ではないです。

だから、親鸞でも、仏教の歴史からいえば、二千年も後に生まれてきたんですが、しかし、だんだん薄くなったんじゃないと思いますね。普通、浄土真宗の教学が仏教からだんだん薄れてきたと、初めは如来とか、世尊といっておったけど、それが薄れて、上人になったり、しまいには先生になってしまうと考えているんですわ。そうじゃない。親鸞を待って、初めて仏教が明らかになったと。釈迦をして釈迦たらしめたものが明らかになったと、釈迦を生み出すようなものが明らかになったと。こういうように親鸞の意義を考えなきゃならんですね。

『大無量寿経』の復活

そこで、『大無量寿経』が生きとったということは、『大無量寿経』の後に色々な論が生まれたということでしょう。『大無量寿経』がつまらんものなら、論は生まれなかったでしょう。論が生まれてきた。「経に言く」、「論に曰く」、「釈に云く」というわけで、経の場合は「言」という字を使いますし、論の場合は「曰」という字を使いますし、釈の場合は「云」という字を使うでしょう。経家・論家・釈家というわけで……。

それをいちばんよく語っているのが『正信偈』です。初めは経分ですけど、後は七高僧の論・釈です。その中で、非常に重要な意義をもっているのは、論の中では『浄土論』ですね。釈の中では善導《ぜんどう》と。まあ、善導のことは今日あまり触れることはできませんけれど、これは『観経疏《かんぎょうしょ》』というものが中心になるものですから。『大無量寿経』でなしに、やっぱり『観無量寿経』を通して『大無量寿経』の精神を明らかにするというように間接的になるわけです。念仏が初めから説いてあるわけではない、定散《じょうさん》二善というものが掲げてあるのが『観無量寿経』ですから。

つまり、善導の時代は浄土門仏教というものはなかったんです。門があるとすれば、聖道門しかなかった。浄土門というのは独立してなかった。そういう時代ですから、聖道門の中から、聖道門を食い破って出てきたというのが善導の『観経疏』なんです。だから、『観無量寿経』の教説というのは、なかなか理解が面倒で、それで解釈に顕彰《けんしょう》隠密《おんみつ》ということがあるわけです。顕も彰もどちらもあらわれるという字ですけれども、顕の方はそのあらわれておるものだね。それを顕説というんです。で、彰という字があるでしょう。彰は彰だけれども、これは隠密という形をもっているわけで、同じあらわれておっても、顕の方はあらわれておるんですし、彰の方はあらわれんとしているものをいうんです。叫んでいるものをね、それを彰という。そういう形で、本願の精神が明らかにされている。

だから、方便を通して、真実をあらわしている。だからして、『教行信証』でも、善導の『観経疏』を、半分は前五巻、顕真実の方に、半分は方便化身土の方に引いている。同じところに出ている文章ですけれども、その文章のある部分は前五巻に引き、ある部分は化身土に引いてある。そのように善導の釈論の読み方でも、親鸞はきわめて精密なものです。『浄土論』の言葉は、前五巻に限られている。「化身土巻」にはない。ただ『論註』は、一ヵ所だけ方便化身土の方に引かれているんですけど。

で、『浄土論』というのが非常に大事なんであって、一論の背景に三経があることを曇鸞大師が明らかにしています。まあ、その当時、曇鸞の時代に、浄土の三経というものがそろったんでしょう。インドでは、そういうことをいっているわけではないですけれど、翻訳経典として浄土の三部経があの時代にそろって、三経に対する一論というものが出ている。

しかし、厳密にいえば一経一論でないかと思います。曇鸞の時代は、まだ教学が精密を欠くところがあって、三経が平等に見られているんです。三経に差別がないんだ。親鸞にくると、三経にはっきり差別があるんです。親鸞以前には三経に差別がないんです。だから教学が精密を欠いとるんです。まあ、違った意味のテキスト・クリティークですね。今のような文献学上のテキスト・クリティークじゃないですけど、解釈上の批判です。解釈批判というものが親鸞以前にはずさんですわね。

だいたいいうと、漢民族の中では『大無量寿経』は隠れとったということがいちばん大きな特色です。だから、『観無量寿経』というものの結論は『阿弥陀経』であって、『阿弥陀経』の立場に立って『観無量寿経』を見たと、こんな形になっています。『阿弥陀経』に自分の立場をおいて、『観無量寿経』を見てくると、『大無量寿経』というのは今の言葉でいえば、表現が神話的なんです。まあ神話という言葉を使うと問題がありますけれども。ミュトス（mȳthos）という言葉は外国人の言葉で、仏教ではミュトスということはいわないんで、ジャータカと、こういいますね。物語的なんです。『大無量寿経』というものは、「乃往過去《ないおうかこ》 久遠無量《くおんむりょう》」というようなことをいっておるんですから、昔々その昔という意味ですわね。だから、『大無量寿経』は物語的なんです。

それが日本にまできて、『大無量寿経』が復活してきた。これが大きな意味です。選択本願ということを叫んだのは法然上人でしょう。選択本願は、『大無量寿経』の本願のことです。その選択の上に、親鸞はさらに回向を明らかにした。選択回向と。法然・親鸞二師によって、『大無量寿経』の精神が日本であらわれてきた。そういうことにこそ、「粟散片州《ぞくさんへんしゅう》」の日本が大きな確信をもつことができるんです。ほんとうに世界的ということが日本でいえるのは、仏教だけじゃないですかね。そういうような内面的な誇りですわね。そういうものを学問精神として吟味しなければならんと思うのです。

『論』と『論註』

それで、『浄土論』というのが非常に大事なんです。『浄土論』は、非常に簡潔です。天親《てんじん》菩薩の論というのは、みな簡潔なんです。これが天親菩薩の論家としてすぐれている点だと思うんです。形が膨大であるのは、内容がまだ厳密でないからだ。内容が厳密になると、形は非常に簡単になってくる。形が膨大である場合は、内面的にはまだ整理されとらんものがあるからです。だからして、無着《むじゃく》・龍樹《りゅうじゅ》はみな、論家ですけれども、天親菩薩がもっともすぐれた論家であるということは、論の簡潔であることからもわかる。だから、なかなか理解が困難だ。

親鸞は、『論』と『論註』を区別されない。『論』、『論註』というものを一つにしておるんです。どちらかというと『論註』というのは一歩さがったものなんです。天親菩薩のような高い水準のものじゃない。『続高僧伝《ぞくこうそうでん》』や『正信偈』にもありますように、仙経《せんぎょう》に迷うたと書いてある。曇鸞は、それで菩提流支《ぼだいるし》の痛切なる批判をこうむって眼をさましたといわれておる。

たとえば、これは後で内容になりますけれども、「如実修行相応《にょじつしゅぎょうそうおう》」というのが、「信巻」の中心問題になっておりますが、この「如実修行相応」というのは『浄土論』の言葉です。ところが、曇鸞大師はそれを解釈して、「不如実・不相応」という問題を出しておるんです。曇鸞だけですわね。これが迷う人の証拠です。「如実修行相応」が「如実修行相応」として受け取れなかった。「不如実・不相応」という言葉を出した。

しかしこうした疑問を通して、初めて「如実修行相応」にかえることができた。迷ったことによって、さとることができたと。初めからさとっているんではない。迷ったんだ。迷ったことをひるがえして、さとりを明瞭にしてきたと、こういうことです。初めから迷わんということではないんです。迷うことを通してさとった。そうすれば、迷うことがさとることの歴史になるでしょう。そうじゃないですか。迷うおかげだったんですわ。さとるためには迷う必要があったと。そういうようなことがあります。曇鸞大師も迷う人であった。だけど、そこにですね、その曇鸞大師の解釈を通して、我々が『浄土論』を理解する道が開けてきたんじゃないかと思うんですね。

そうしてみるというと、迷いをひるがえしてみると、今度は『浄土論』にもなかったことを、どんどん曇鸞が明らかにしていった。それが、今日主題になっている往還二回向ということです。『浄土論』を見ても、そこに還相回向というものはありゃせん。曇鸞が初めて、『浄土論』にもなかった還相回向というものを考えてきた。迷って、さとってみれば、初めから迷わんよりも一層深い。つまり、『浄土論』の精神をただ外から絵取《えど》っとるんじゃなしに、『浄土論』の中に生まれ出たんでしょう。『浄土論』が、もう自分のものになるわけでしょう。そこに自由な解釈が、拡大された解釈が出てきたんです。

だから、曇鸞は『論註』といって註釈だと謙遜していってあるんですけれど、親鸞は、形は註だけれど内容は論だと、こういって『論註』といわずに『註論』と、こういってますわね。『論註』を『浄土論』と同格においてある。中国の高僧ですから、釈家といえそうなもんですけれど、曇鸞大師の『論註』は釈とはいわないんです。やはり、「論に曰く」と、論家の中に加えられているんですね。

行ということ

こういうように、経典では至心回向といってあるけれども、やっぱり論を通して回向の意味が明らかにされてくる。「至心に回向したまえり」というような訓点は、やっぱり『浄土論』

や『論註』を通して、初めてできることです。

しかし、これはおもしろいことですね。もう一ついいますと、ずっと日本にきて、法然上人にくるというと、念仏のほかに信心はないんです。よくこの頃清沢満之以来、一般世間の言葉ですが、信念という言葉を使います。仏教の熟語を使わずに、信仰というより信念と、これは非常におもしろい言葉です。念仏の信心という意味です。つまり正信念仏という意味です。信念という言葉は非常にいいと思いますね。

で、法然上人では、念仏が信心それ自体なんだ。そういうのを「如実修行相応」というわけです。念仏のない信心ではない。念仏のない信心は観念論です。ただ気持ちというようなものです。信仰が生活になっておるという場合が信念です。

さっきいったように、念仏が、行の生活というものがない場合には、教えは教理になってしまう。教条主義に陥ってしまう。行であるというところに生きとる……。まあ、行という概念が面倒ですけれどもね。

教でも、信でも、証でも一応わかるんです。そう複雑な概念ではない。しかし行という概念だけは複雑です。念仏ともいうし、称名ともいうし、正業《しょうごう》ともいうし、それから大行ともいうし、色々表現があるでしょう。概念規定としては、非常に困難な概念です。

紀平正美《きひらただよし》という人がありまして、これは曽我先生の教えを聞いて学位論文を書いた人ですが、その人の博士論文で「行の哲学」というのがある。これは、曽我さんの三願転入《さんがんてんにゅう》の講義を聞いたんでしょう。だから、紀平さんは、「三願転入の真理」といわずに『三願転入の論理』という本もある。三願転入は真理じゃない、論理だと。このようなことを通して、あの人は西洋哲学ですからゲーテのファウストとか、法蔵菩薩じゃなしにそのようなものに行の哲学というものを見てきます。これは外国語としても面倒かもしれん。フィヒテにタートハンドルンク（Tathandlung）という言葉がありますけれどね。タートとハンドルンクと、熟語になっていますけれど、行業というような意味ですか。

しかし、行という漢字が面倒なんで、普通は修行という意味が行なんです。だから実践というような意味もあるわけです。プラクティス（practice）という意味もあるけれど、しかし行といえば諸行無常というようなこともいうでしょう。あの時は、行は実践でも何でもないわね。形成されたものという意味です。諸行無常《しょぎょうむじょう》というでしょう。あれは何にも実践ではない。行という漢字自身も複雑です。これは、皆さん精密に吟味される必要があります。

我々の回向を必要とせん

念仏について、法然上人の回向論の問題から、注意せざるをえないのは不回向です。法然上人は不回向といった。これは注意せんならんでしょう。『浄土論』の五念門の中に、回向門というのが出てくる。回向が出るのは、五念門の中の回向門です。この『浄土論』の回向門と、法然上人の不回向と、これらのものを通して、経典の「至心回向」が読み替えされてくるんです。これはちょっと驚くことじゃないかね。不回向というのはね。親鸞が、やっぱり、『論』、『論註』の第五回向門という、出の回向門でしょう、『入《にゅう》出《しゅつ》二《に》門《もん》偈《げ》』といいますから。出という字が利他なんだ。利他回向というんですから、あれが至心回向を解釈する時に、非常に有力なる背景になるわけです。しかし、それにおとらんじゃないかね、不回向というのは。

不回向はね、回向を必要とせんという意味がある。無回向じゃない。我々の回向の努力を必要とせんという意味だ。回向がないわけじゃない、それではもともなくなっちまう。無回向ということをいっておるんじゃない。それでは捨ててしまったことになってしまう。そうじゃないんだ。今さら我々が回向するという、乃至一念までも称えた名号を回向するというような必要はないんだと、こういう意味でしょう。非常に強力な、これこそ信念だわね。こういうのが念仏の信念を表明している言葉です。我々の救いの問題に関しては、我々の努力を必要とせんと、こういうわけです。

これはほとんど如来回向というところまで迫っておる。迫っとるでしょう、紙一重や。裏と表だ。裏からいうと不回向、表からいうからして本願力回向と、こういうわけだ。つまり、裏表みたいな関係なんだ。

だけど、親鸞が如来回向ということを自覚されたのは、いちばん近いところでは法然上人の言葉でないかと思うんです。遠いところからじゃないと思いますね。法然上人の言葉から初めて『浄土論』にさかのぼって、「至心に回向したまえり」と読み替えをした。いちばん近いものは、不回向という概念じゃないか。

我々の自力の努力を必要とせんと。自力という言葉も、他力という言葉も、曇鸞大師が使われた言葉ですけれど、善導の『往生礼讃《おうじょうらいさん》』という論がありまして、その中に「善く自ら己《おのれ》が能《のう》を思量《しりょう》せよ」という言葉がある。それを親鸞は自分の言葉として使っています。

だからして、自分の能力でしょう。自分には何かができるという、一つの自分の能力を信頼するという考え方が自力でしょう。それがなかなか捨てられんものなんです。容易にね。自己の能力です。自己の能力を捨ててしまうと絶望ということになる。なぜ捨てんかというと絶望がこわいからでしょう。けれどもほんとういったら絶望でもないいんでしょう。絶望は、まだ自己の能力におるから絶望するんです。自己の能力に立っとっても、自己の能力が解決できない。解決ができねば、ポッと捨ててもよさそうなものだけど、自己の能力に立っとるから絶望するんだ。絶望というのは自力の立場に成り立つもので、他力の立場には絶望なんかないです。そうでしょう。絶望がおそろしいんです。

『歎異抄』の中でも「ちからなくしておわるときに、かの土へはまいるべきなり」と、こういっておられるでしょう。力を入れて往生するのではない。往生するぞといって往生するんではないです。力なくしてというと、いかにも頼りないようだけれど、自分の能力で往生するんではないです。

無効が自力の本質

つまり、我々が自分の能力というものを捨てることができんのは、限界をつきつめんからでしょう。たいてい誰でも、自分の能力で一切が解決するというような思いあがりな考えは誰もちはせん。しかし、捨てれんのはなぜであるかというと、限界を押さえんからじゃないかね。努力してみよと、こういった場合、どこまでやるかね。努力してみて、ここらまでやったらというところでおくじゃないですか。徹底してみたことがないわね。そうでしょう。

限界を知るということが、いわゆる広くいえばカント精神です。批判主義の精神です。認識の限界ということをいうのは何でも知れるものじゃないです。『大無量寿経』の「汝自当知《にょじとうち》」というのは、今いった自己の限界を知れということです。能力の限界を押さえれば、能力は妄想だということになる。だからして、自力の本質は無効ということです。無効が自力の本質だ。自力と無効と二つあるわけではない。それは限界を押さえんからだ。やり方によっては有効でもあるし、なまけとれば無効だと。中途半端でおくから、有効と無効があるんじゃないかね。

押さえれば無効が本質だと、有効だと思っとるだけですよ、限界を押さえんから。

だから、まあ『大無量寿経』の中で、世自在王仏《せじざいおうぶつ》の「汝自当知」に「非我境界《ひがきょうがい》」と法蔵比丘が答えとる。ああいうことです。「汝自《なんじみずか》ら当《まさ》に知るべし」というのは勝手にせいという意味じゃないでしょう。尊敬していうんです。それこそあなたの問題じゃないかと。願というようなものは、人からもらうものじゃないでしょう。願はどこまでも原理的なもので、いってみれば本願力とか、願力とか、願心とかいうけれども、我々に近いところからいえば願往生心でしょう。こういうものが原理的なものです。願往生という教えがあるわけではない。教え以前のものです。教も、行も、信も、証も出てくるようなものが願往生心です。それは自覚の問題ですからね。自己がそこに成り立つようなものを願心と、こういっとるわけです。それは如来の願心であろうが、衆生の願心であろうが、そういうことは問題じゃないです。如来にあっても、衆生にあっても同じものだ、願心、願往生心というものは。

まあ、いってみれば、今日の言葉でいえば宗教心です。平凡な言葉で願を明らかにするということは、願をもったものが自己を明らかにするということと同じだ。それこそあんたの問題でないかと。それもあんたの問題だ、じゃないんだ。それこそがあんたの問題じゃないかと、こういう具合に一転して、「我《わ》が境界《きょうがい》にあらず」と、こういうたんですわね。

つまり、願というのは私のしたいことだけするというんじゃないんだ。皆そこらで腰掛けてしまうんです。やれる範囲でやるとか、やりたいことをやるとか。そうじゃないんだ、やれんことをやらんならんと、それが願なんだ。やれる、やれんをこえている問題が願だ。やれる範囲のことをやれというのではないんだ。それが宗教問題だ。やれる問題だけなら宗教問題じゃない。人類を荷負するというような問題がやれますかね。やれる、やれんをこえた問題がそこにある。人間があって願が出てくるんじゃない。願があって、その中に人間が生まれてくるんです。人間が生まれるなら、如来もそこから生まれてくるんです。

「非我境界」という、これは天親が『二十唯識論《にじゅうゆいしきろん》』を作って、いちばん最後にこういっておる。私は私の能力というものにおいて、唯識の真理を明らかにしたと、しかしこれが唯識の真理の全部じゃない。ほんの一部分だ。私のできる範囲で明らかにしたと、本当の唯識の真理は「我が境界にあらず」と、こういうように天親も唯識論の話ですが、そういうようにいっています。

願心の回向

そうすると、無量ということをいうでしょう。「光明無量」、「寿命無量」、無量というのはどうですかね。普通一般に考えれば量なんてどうでもいい、質が大事だというでしょう。言葉を無視して対話はできませんけれども、そうかといって、言葉は制限されたものなんです。英語のものが全部日本語にあるわけではない。言葉というのは、歴史的に派生したものです。世界に通ずる言語というのはありゃせんです。世界共通語というのはエスペラント語くらいしか考えられんです。それはもう記号にすぎない。全部、言葉を記号にしなければ、世界共通語は出てこない。それは記号にすぎない。言葉というのは限定されたものだけど、限定されたもので独自なものをあらわさねばならない。限定された言葉を用いて独自なものをあらわす。

まあ、そういうふうに考えていくと、量というような考え方も大きな独断があるんじゃないかと思うんです。質が量よりも上だと、問題の範囲でそういうこともいえるけれども仏教でみると無量といってます。『浄土論』でも「正道大慈悲《しょうどうだいじひ》　出世善根生《しゅっせぜんごんしょう》」といった場合、「正道の大慈悲」というのは質ですわね。そうでしょう。「広大無辺際《こうだいむへんざい》」というのが量功徳《りょうくどく》でしょう。量功徳と性《しょう》功徳《くどく》と、こういうものがちゃんとおさめてあります。

こういうように、量というものは単にかさが大きいという意味じゃなしに、豊かさという意味でないかと思うんです、豊かである。量が大きい、かさが大きいという意味じゃない。質がすぐれているばかりじゃない。量が豊かだと、無限の豊かさをたたえている。

こういうような意味が無量仏。無量光でも、無量寿でも、無量仏という意味じゃないかと思うんです。豊かだと。精神がやせ細っておらんと。やせた精神じゃない。精神が豊かだと、こういうような意味がある。だから、純粋といっても、不純粋をけとばしたんじゃない。あらゆる不純粋を包んで、純粋にしたと。不純粋が純粋の内容になって生きているんだと。こういう時に、無量というものが、豊かさというものが出てくるんでないかと思います。

とにかく、ここに「非我境界」というような、そこに「満・分」といってある。如来は満に清浄なる人だね、菩薩は分に清浄なる人だ。満と分との区別がある。そこに限界がある。だけど、それはさっきいったような自力の限界といった限界じゃない。質は同じなんですから。他力を自力の範囲で明らかにしたなら、それは誤解です。そうでないんだ。限界をこえて、他力という一つの性質に触れるんだ、平等の性質に。しかしながら、そこに満と分との区別があるでしょう。つまり大海の一滴を私はなめたと。大海の味も、一滴の味も同じでしょう。塩からい。そういう区別がここにあるわけです。それは自力に翻訳してしまったら、満・分じゃない。塩を砂糖に換えたようなもので、誤解するということになる。

そんなわけで、不回向というようなことは、如来回向ということと二枚の紙じゃない。紙の裏と表です。しかし、それは消極教学やわね、消極的なんだ。法然の教学では不回向の不というような否定概念を含んでいるんですから、消極教学でしょう。願心の回向ということになると積極教学だわね。そういう区別がそこにあるわけですね。

本願の中で本願を明かす

『浄土論』というけれど、『無量寿経優婆提舎願生偈《むりょうじゅきょううばだいしゃがんしょうげ》』というのが本来の名前です。まあ、回向ということを明らかにするためには、どうしてもこの『浄土論』というのが中心になるんで、三経一論《さんぎょういちろん》というくらいにいわれている。それはただ希少価値というだけじゃない。論にも『十住毘婆沙論《じゅうじゅうびばしゃろん》』という龍樹の論もありますけれど、これは『十地経《じゅうじきょう》』の解釈が主であって、「易行品《いぎょうぼん》」というところで、『大無量寿経』の精神というものに触れてある。ただ触れたというだけでない。非常に正確な点が押さえられている。『浄土論』の言葉でいえば、本願成就の信念の表白化ですね。「易行品」の中に出ておるんです。易行という言葉も、たやすいということでないんであって、さっきいったように努力を必要とせんという意味が易行にはあるわけです。易行という言葉が大事なのは、難信ということをあらわすからです。そういうこともあるわけですけれども、なにせやはり『十地経』ですから。『大無量寿経』じゃない。『浄土論』の方はそうではない。はっきりと『大無量寿経』の論であると。けれども、それが今もうしましたように、ただ希少価値というだけで貴重なんじゃない。内容が非常にすぐれているということだと思います。だからして、偈文の方が主なんです。偈文の方には、我という字が使われている。「世尊我一心《せそんがいっしん》」というように、あるいは「我依修多羅《がえしゅたら》　真実功徳相《しんじつくどくそう》」とか、「故我願生《こがいがんしょう》」とか、「我作論説偈《がさろんせつげ》」とか、我という字で一貫しておるんです。あそこはやっぱり、『大無量寿経』の精神というものを通して自分を見出して、『大無量寿経』に説かれている本願の精神というものが「我一心」として自覚になったわけでしょう。本願がただ説いてある経典として、外にあるんじゃなしに、本願の中で本願を明らかにしている。外から手さぐりで明らかにしているんじゃない。

そういう意味で、『大無量寿経』でいうと、本願成就の経文です。『願生偈《がんしょうげ》』は、天親菩薩の本願成就の経文です。本願成就を述べられたものです。だから回向の問題としていえば、本願回向成就の一心ですね。天親菩薩自身としては、「解義分《げぎ》」というものを必要とせんわけです。偈文だけで充分なんです。そこで自分全体があらわされている。今日の言葉でいえば、信仰告白としての、本願成就の信心の表白というような意義を『願生偈』はもっている。ただそこに情操的に体験を述べたというものじゃない。「優婆提舎」という字がついていますから、「優婆提舎願生偈」と、これがまあ非常に特色ある言葉です。

だから、偈文の中にも「かるがゆえに我、願わくは、かの阿弥陀仏国に生まれん」と、こういう言葉がいちばんまん中に出ている。「故我願生彼　阿弥陀仏国」というんです。故という字があるでしょう。普通の偈なら、そんなものはありはしません。故というような意味が含まれとるんです。ただ願生したいというんじゃない。願生せざるをえぬ所以《ゆえん》です。それがあそこにあるわけです。だから願生するんだと。だからというような意味があるわけです。

たとえば、一例をあげるならデカルトという人がある。「我思う、だから我あり」と、だからという字をつけるでしょう。我思うというのは一つの現実の事実ですから、まあドイツ語でいえば、Daということになるでしょう。Dasein《ダーザイン》のDaです。今ここに誰かとして存在しているというのがDaですね。一つの、いわゆる現存在ということをあらわす言葉がDaです。しかし、故にといえば、この現存在が本質でしょう。かるがゆえに我ありと。Daは現実だけじゃない。そこに本質があると、こういうんです。何を願生するのか。いかに願生するのかじゃなしに、願生せざるをえない所以を押さえて『願生偈』を表明された。まあ、ああいうようなところに「優婆提舎」というような意味がある。偈であるけれども論の意味をもっていると、こういうことがあるんだろうと思います。

願心が願力をもってくる

だから、天親自身としては「解義分」というものを必要としなかったけれども、その「解義分」というのは、その故という字から出てきたんでしょう。「解義分」全体が、『願生偈』の中に含んでいる故という字から開かれてきた。『願生偈』は、だから「総説分」という。全体は偈文ですけれども、それを反省してくるんでしょう。そこに出てくることは善男子《ぜんなんし》善女人《ぜんにょにん》。我という字は一つも出てこない。我という字に代わって出てくるのが善男子善女人、それから菩薩という言葉が出てくる。

『願生偈』は、だいたいいうと浄土を説いてあるわけです。荘厳浄土というものが説かれてある。まあ、果からいえば、荘厳というんでしょう。浄土は、浄土を果としてみれば荘厳ですが、因としてみれば願心だ。願心の荘厳です。だから、果を通して因を自覚してくると、故という字が出てくるんです。ただ浄土に生まれてみたいという興味じゃない。真実功徳として荘厳されたものだ。まあ、『歎異抄』にありますように「念仏のみぞまことにておわします」とあるように、うそでもいいから生まれてみたいというんじゃない。生まれてみたいというなら、そういうこともいえるんです。けれど、真実というものはそうじゃない。念仏を離れた真実というものはないんだと、全体が虚偽なんだと。念仏という細い糸のような線だけど、それだけがまことなんだと、あとは全部うそだと、こういう強い信念ですわね。そんなものなんです、宗教心というものは。白道四五寸というように、細い線なんです。

大谷派で混乱がおこっておるのは、ほんとうのことが一つあるからなんです。全部がうそなら、こんな騒動はおきません。細い線だけれども、まことがそこにある。立てばそれが大道なんだ。見とるから細い線にしか見えんのだ。立ったら、そのほかに何もない。こういうものが宗教心というものなんです。

で、「解義分」をみると、そこに五念門《ごねんもん》というのが出とるんです。註釈でない証拠ですね。「観彼世界相《かんぴせかいそう》」というんですから、『願生偈』の方は世界が述べてある。世界として荘厳されている願心だ。願心から出た荘厳が、かえって願心の力になるんです。願心の結果だけれど、結果は単に結果ではない。因から出た結果はかえって因をあらわす。因には形はない、結果に形がある。形というのは、形のないものが形になるんですから。それで願が力だということが出てくるんです。「観仏本願力《かんぶつほんがんりき》」という字ですね。願心が願力をもってくるんです。

さとりに導く真理

五念門になるというと、今度は世界じゃないわね。初めには五念門、後には五功徳門《ごくどくもん》と。五念門は行です。行によって成就した功徳、五功徳門と。こういうものが「解義分」の内容なんです。つまり、五念の因果やね。五念の因果と。それから偈文の方は願心の因果です。それが世界の因果です。「解義分」の方は行の因果です。

これはどういうことかというと、今日の言葉でいえば、歴史でしょうが。世界観に対して、歴史観というようなものが「解義分」なんです。その五念門の中に、五念門と、五功徳門と別に分かれているという意味じゃないです。しかし、因果というようなことをいう場合は、これはさっきいったような「優婆提舎」というようなことがあるように、すべて法相《ほっそう》――法相宗という宗旨もあるんですけれど、これは中国でできた学派です。インドでは仏教学というのは法相学です。法の性相、性という字をつけて諸法の性相を明らかにするというのが、それが仏教学です。

仏教学というけれど、仏の学問じゃない。法の学なんです。法律の法じゃない。法律という意味の法は、仏教の言葉でいえばヴィニャーヤ（vinaya）というんです。戒律です。人間の世界の法律です。人間の世界といったら社会です。そういうものの律法を明らかにするのが法律というんですけれど、神の場合には法律という概念を逆にして律法というでしょう。法律といわずに、神の律法と。神学でいう法は律法です。

社会学でいう律法は法律ですわね。ああいうのがヴィニャーヤですけれど、そうじゃない。ヴィニャーヤという意味でない法です。律法とか、法律は人間の行為に関係するんですけれど、法相といえば存在の法なんです。存在の法相を明らかにする。これが仏教学というものなんです。これは宗教というものを考える場合に大事なことですね。神学というと神を明らかにするものだ。また、神を信ずる、信という字はどこでも使いますけれども、神を信ずる信心というのがシェム族の宗教です。

仏教はそうではない。仏を信ずるという意味ではないでしょう。仏は法をさとって仏になったんだ。だから、仏はさとった法を仏に与える。仏法という言葉があるように、仏教学は仏学じゃない。法の学なんです。そこが大事なことですね。

天神地祇《てんじんじぎ》という言葉があるんですが、神は「天神地祇も敬伏《きょうぶく》し」と『歎異抄』にもあるように、インドでもやはり梵天《ぼんてん》とか、帝釈天《たいしゃくてん》とか、仏教の中の有名な神になっていますけれど、神がないということをいうんじゃない。ただあるということをきめるわけではない。神があるとか、ないとかいうことは仏教では問題にならん。あるかもしれんけれども必要がないと。あるかもしらん、ないときめるわけではない。無神論じゃないです。あってもそれに頼る必要がない。こういう確信を与えるのが法ですわね。

そこに、真理といってもいいけれども、存在の真理だ。存在の真理というのは非常に大事なことで、その真理は何かの参考になる真理じゃないです。何か、ちょうど科学的知識が科学の生産について役立つと、こういうような意味での真理じゃないのであって、あるいは論争に勝つための真理でもない。論理的真理でもない。人間が救われるような真理なんです。真理に迷って流転しているんだから、その真理に触れて解脱するわけです。我々を解説に導くような真理、それが大事なことですね。

真理というようなことが、これも非常に大事なことで、真理とは何かということが大事な問題です。だから、仏教では祈ったりするということは捨てたんです。バラモンの神に対する祈《き》禱《とう》やね。そういうものは人間を解脱させるものではない。それから、苦行をやってみたけれど、苦行も人間を解脱させるものじゃないと。苦行をやれば結局死ぬということだ。死ねば苦しみもなくなるが、さとりもなくなる。それはむだ苦労ですわね。むだなものを捨てたんです、仏教は。

で、何が我々を解脱させるかといえば、真理の認識だけが我々を解脱させる。解という字はそういう意味があるでしょう。解脱という、そうですわね。勝解《しょうげ》という、広大勝解の人というでしょう。解という字は、やっぱりわかったという意味ですからね。だから、「悟」という意味ですね。わかる。なるほどそうかというのが勝解なんです。広大勝解の人と、こういうようにですね。そういう字ですけれど、そういうと脱という字に結びつく。解が我々を脱出させる、束縛から脱出させるんです。脱というのは解放という意味ですわね。認識だけが我々を解放させるんだ。行や祈りが解放させるんではない。しかも、それは論理的認識ではない。我々が生きていることの存在の真理だわね。それが我々を解放させるような真理だ。

だからして、法に依れ、これは仏陀の最後の経典で『遺教経《ゆいきょうきょう》』といいまして、クシナガラに向かっての仏陀の最後の旅行の記録です。あの中にある、「他に依るな」と。何か真宗は他力だから、他に依るのが真宗だと思うけれど、「他に依るな、法に依れ」と。そして、「自らに依れ」と。「法に依れ、他に依るな。法を灯《ともしび》とせよ」、他を灯としてはならん。それからみずからを灯とせよ、他を灯としてはならんと。非常に簡単明瞭な、しかも根源的な『遺教経』です。

だから、法がわからんのを迷っとるという。わかったのをさとったとこういうんですね。さとればそこに自分が成り立ってくる。だから自覚教というわけでしょう。自覚の教えですわね。仏を尊敬せんわけではないけれども、なぜ尊敬するかといえば、法をさとって法を説かれたから尊敬するんです。法が尊いから人を尊ぶ。人を尊ぶから法を尊ぶんではない。人を支持するというとすぐ党派が出てくる。党派性ですね。かつぐということになるんです。我々のために法を明らかにし、みずからその法を証明してこられたというんで貴重なんです。それはさとった人のさとりではない。我々のために、我々に代わって、みずから法をさとって、それを示された。我々の問題がそこに説かれているわけです。

入出二門

だから五念門・五功徳門と並べてあるのは、法相を明らかにするためです。一念ということをいわずに五念・五功徳といってこられた。あれはみな法相を明らかにするという意味なんです。一即多というような直観的な話ではなしに、一つの秩序だね。そのために因果に分けてある。一つの因というものと別に果というものがあるわけじゃない。果位からいえば、因果一体なんです。その一体なものの法相を明らかにするために因果を分かつ。まあ、一つの面でしょうかね。因の面と、果の面と分けてあるわけです。それから、その同じ因の面でも礼拝《らいはい》・讃《さん》嘆《だん》・作願《さがん》・観察《かんざつ》・回向《えこう》というような、果の面でも近門《ごんもん》・大会衆門《だいえしゅもん》・宅門《たくもん》・屋門《おくもん》・園林遊戯地門《おんりんゆげじもん》というような、因果におのおの五門が分けてある。

それはどういう意味かというと、くぐるという意味です。五念門が横に並んであるわけではない。横に並んでおれば、ひと目で見られる。ひと目で見られるようなものは対象化して眺めるからひと目で見られるけれど、行というのは実践するものでしょう。実践するものですから、くぐらんならん。五念門というのは、くぐるから門というんです。礼拝しない時に讃嘆は出てくるはずはないんです。礼拝をした頭に讃嘆するものが出てくる。横に並んでいるんでない。縦に連続しているんです。門をくぐるんです。初めは入るんだけれど、しまいには出るんだ。だから大きくいえば、前四門は入の門で、第五は出の門と。入出二回向ということをいうんです。『入出二門偈』というような、回向とはそういう形で出ています。出の第五門と。

だから、そこに入出自在と、門が大事。我々はなぜぐるぐる回っとるかというと、門がわからんからです。塀の外をぐるぐる回っとるわけです。何百年回っても、それは回っとるうちに終わってしまう。回るのが流転でしょう。どこだ、どこだといっているのは門が見つからないからだ。だから、法門という言葉もあるわけです。法門はあるものではない、建立するものですね。立てたものです。

まあ、出というのはどういうことをいうかというと、さっきいったように入出という場合の出というところから利他なんでしょう。入は自利なんでしょう。自利利他二門というのが入出二門なんだ。これが大きな課題です。思弁で入出自在ということを考えればできるけれど、やってみりゃでききんでしょう。自利をやろうと思えば、利他を犠牲にせんならん。他を救おうと思えば自分を犠牲にしていかねばならん。もう実践して、門として見れば、すぐ矛盾してくるでしょう。考えるなら、なんぼでも自由に考えられる。思弁ならね。しかし、自利利他円満しなければ世界はないでしょう。あるいは国といってもいい。

願生浄土は人間の教学である

なるほど共産主義というものは、史的唯物論というものは、社会科学としては国のないものです。それでも国が出てくるわね。一国共産主義というような。ソビエトでも、中国でも、それほど国というものは何か深い力をもっている。ファシズムだけが国じゃないんです。やっぱり社会的な国というのは、独裁の国じゃないけど、社会的であってみれば国というものが出てくるでしょう。

だから、我々が個人なら別だけれど、個人だけで生きとるんじゃない。個人と、個人とが生きとるから社会というんですけど、その社会の願というものを表明すれば国ということでしょう。国が見つからん。だから、国を求めるほど国は得られん。一応、独裁主義とか、封建主義とか、資本主義とか、社会主義が出てくる。色々みな試験してみたんだ。やってみるけれども、どうも国にならん。国にならんから、じゃあ絶望してあきらめるかというとあきらめられん。そうでしょう。国を求めるけれども得られん。得られんけれどもあきらめられん。あきらめられんから求める。これが流転でしょう。そうすりゃあ、そういう国に対する願です。人間というものは願生で流転しているんじゃないかね。願生心というものは特別な、寺の中の教学じゃない。人間存在の教学ですわね、願生浄土がはっきりせんから流転しているんだ。そうでしょう。これは皆さんよく考えてください。特別な、坊さんの教学じゃない。願生浄土というのは人間の教学だわね、根源的にね。

だから、四十八願というものはいちばん最初に無三悪趣《むさんまくしゅ》の国と書いてあるでしょう。「たとい我、仏を得んに、国に地獄・餓鬼・畜生あらば、正覚を取らじ」と、国が出ている。次から「国中人天」というのが出てくるけれど、いちばん初めは国です。国でも空き家じゃないんですから、その中に人間がおらんならんから、それで「人天」というのが出てくる。しかし、一国だけでは国にならん。国は国に対して国ですから、「他方仏国」というのが出てくる。「他方仏国」が出てくるのは二十二願でしょう。まあ、「国中人天」というのが出てくるのが十一願。十一願から二十二願というものが連峰です。だからして、四十八願というのは国の願なんです。

それを我々は念頭におく必要があります。国土の願というのが四十八願なんです。

この頃よく東本願寺で問題になっとる憲法問題というのも、四十八願が浄土の憲法なんだ。こういう意味からいうと、国家の憲法よりも、もっと立派な憲法はやっぱり聖徳太子の『十七条憲法』だろうと思います。あれを日本民族が作ったということはたいしたことです。あの時初めて堂々たる国になったわけです。『十七条憲法』までは、『古事記』というようなことをいってみても話にならん。あの立派なものをみんな忘れている。

「篤《あつ》く三宝《さんぼう》を敬《うやま》え」ということがあるけど、あの中には仏教ばかりじゃない、儒教も入っているし、全部入ってます。日本民族が世界に誇るべきものというのは、『十七条憲法』だろうと思うんです。あの中に書いてある。政治が好きでやるんじゃないんやと。「まつりごとを煩《はん》となす」、好まんことだと。しかし、「大悲息《や》むことなし」、大悲心からおこなわれている政治です。あんなことはほかにないじゃないかね。浄土の憲法が日本の民族国家という形を取るから、『十七条憲法』になるんです。

いかに国というものが深い自覚をもつかというと、いちばんいい例がプラトンの理想国です。プラトンの作品の中で最高峰です。イデアの国だ。プラトンはあれを実行しようとして、二度も奴隷に売られかけているんです。それでもプラトン自身は、ちっとも理想国はだめだと悲観しておらんです。できんのが理想だと。同じ観念論であれだけの自信があるわけです。できなかったら悲観するというのは弱い。できんのがあたりまえだというんです。それがイデアというものだ。観念論者であれだけ強い信念がなければいいえんと思うんですね。それに対して、次に出てくるのがアウグスチヌスという思想家です。『神の国』というのが最高の作品でしょう。イデアの国に対して、神の国というものがある。それほど国の問題は広いんです。それらと比較して、浄土という国だ、ダルマの国だわね。人間が支配する国じゃない。ダルマにのっとる国だ。各人各人が自覚を拓《ひら》く国ですね。

なぜ浄土に生まれたいのか

五念門、これは入出自在という意味でしょう。だから、一応、内と外とを区別して、内と外と無碍である。融通無碍なんだ。閉鎖国家じゃないわね。だから無限に穢土に出てこれるわけです。浄土というのが無限に穢土に出てきて、穢土を転じて浄土にするという、そういうことが五念門というものです。入る時は善男子善女人と、こう『論』に出ているんですけれど、出る時になると菩薩として出てくる。つまり、善男子善女人が五念門をくぐると、そのくぐった五念門によって、菩薩として生まれ変わってくる。入る時は善男子善女人、出る時は菩薩です。善男子善女人だけでは、礼拝ということはない。礼拝とは五体投地したことでしょう。つまり、帰命ということを形にあらわしたのが礼拝です。帰命の生活が礼拝だ。だから、出てくる時は菩薩ですけど、入る時は善男子善女人。出る時になると菩薩が出てくる。

その五念門のいちばん最後がやっぱり回向門という。出の回向門と入の前四門という形です。五念門というものはよく読んでみんならんですけれども、簡単なようでなかなか面倒な文章です。五念門には、いちいち「故」という字がついているんですけれど、礼拝門には「かの国に生ぜん意をなさせんが故なり」と。ただ敬意を表して礼拝してるんじゃない。五体投地、かの国に生ぜんという願いのために礼拝している。かの国に生ぜんという願いはなくても、礼拝はあるんですけれども、そういう意味の礼拝じゃない。で、「故に」という字がついている。

第二讃嘆門では、讃嘆というのは口業《くごう》で讃嘆する。かの如来の名《みな》を称《しょう》する。称名とは称讃という意味ですね。声を出すという意味ではない。讃嘆門ですから称名と、仏の名を称すると。で、如実修行、「かの如来の名《みな》を称し、かの如来の光明智相《こうみょうちそう》のごとく、かの名義《みょうぎ》のごとく、実のごとく修行し相応せんと欲《おも》うが故なり」と結んであるでしょう。簡単な言葉のようだけれど、文章がよくわからんですわね。

そして、第二讃嘆門で、「故」という字がついているところに、親鸞は「すなわちこれ無碍《むげ》光如来《こうにょらい》の、摂取《せっしゅ》・選択《せんじゃく》の本願なるが故に」（『入出二門偈』）と、もう一つ「故」を加えている。そこに門は五つあるけれども、体を押さえれば名号なんだ、本願の名号なんだと。諸仏には名のない仏はないけれども、阿弥陀仏の名は普通の仏の名と違うんだ。阿弥陀仏の名の場合には、名が本願なんだ。諸仏の名は別に本願じゃない。阿弥陀仏の名の場合、名が仏法だと、こういうんです。だから特に、「故」という字がおいてあるでしょう。初めは何もないように思いますけれども、そこに、文章をよく押さえてみますと、簡単に読めないですわ。

それからもう一つ、礼拝・讃嘆、それで次に作願門というのがあるでしょう。これは先に「かの国に生ぜん意をなさせんが故なり」と、かの国に生ぜんと願う、そういう願いによって礼拝するんだ。こういう意味があった。それがここに出てきた。それが作願でしょう。礼拝・讃嘆のもとにあったものが、礼拝・讃嘆を生み出したものが第三門に出てくるわけです。そうすると、なぜ浄土に生まれたいのかと、別に浄土が楽しいという意味で生まれたいんじゃない。そこに出てくるのが、「実のごとく毘婆舎那《びばしゃな》を修行せんと欲《おも》うが故なり」と。つまり、これが如実修行の内容ですね。奢摩他《しゃまた》、毘婆舎那を如実に修行せんと欲うが故に作願するんだと、こういうんです。

思索の姿勢

奢摩他・毘婆舎那、これは普通は止観です。曇鸞大師は悪をとどめるんだという意味で止を使っているけれども、そんな意味ではないんであって、三昧《さんまい》だね。三昧という経験はどこにでもあるものではなくて、思想した民族だけにあるものなんです。三昧とか、広くいえば定《じょう》ですけれども、サマーディ（samādhi）とか、サマーパッティ（samāpatti）、禅とかね。禅も定の一つです。禅定（dhyāna）という。定の分析が非常に細かいでしょう。

定というのはどういう意味かというと、こういうものは思想する民族がもったものです。つまり、ギリシア人とインド人だけなんです。ギリシア人は、ヴァンデルンク（Wandelung）、散歩というんです、逍遥《しょうよう》と。プラトンの学園はアカデミーというんですけれど、アリストテレスの学園は逍遥学派ともいわれています。これはつまり散歩という意味なんです。ギリシアはポリス国家ですから、ポリスからポリスへとさまよった。だから、ソクラテスがやってくる時はいつくるかわからんというんだ。考えながら歩いているから、考えが行き詰まると、そこへ何時間でも立っておる。考えに一つ突破口が見つかると、すぐ右の足が出てくる。また行き詰まると立ちどまる。いつくるかあてにならんという。つまり、いってみれば思索するのにいちばんいい姿勢なんだ、動いているのが。散歩して、身体をゆるやかにして、力を抜いてそこらをさまようという形が、思索するいちばんいい姿勢になるんです。だからして、清沢満之が取りあげた有名なギリシア末期のエピクテタスは、学派のあだ名が名前になったんです。街を犬のようにさまよっているという意味で、犬儒《けんじゅ》学派や。そういうあだ名が名前になっとる。それがギリシアでいえることなんです。

インドは暑いんです。そんなことやっとったら一ぺんに日射病になる。インドでは街じゃない。森から森へとさまよう。そういう自由思想家を沙門という。バラモンじゃないんです。沙門というのは自由思想家です。仏陀も沙門の一人だったわけです。仏陀も、その弟子も、舎利《しゃり》弗《ほつ》でも、目連《もくれん》でも、迦葉《かしょう》でも自由思想家でしょう。そういう伝統があって、これは漢民族やローマ人にはないです。一生懸命畑を耕すのが中国人です。そんな散歩しとったら、一ぺんに干あがってしまうから。思想する民族はそうたくさんないと思うね。そうすれば、あなた方も定ということがわかるでしょう。三昧という。散歩のことだと思われればね。

あるいは、画家でいえばアトリエだ。つまり玄関ということと違うんです。玄関は外の世界と対話する世界だ。注文をうける部屋でしょう。画家でもかすみ食って生きているわけにいかんから、生活費がいるわね。そうすると、画きたいから画くというのでない。金に困って画くんです。けれど、一ぺん画家がアトリエに入ったら、注文なんか忘れちゃうでしょう。パンなんか忘れちゃうでしょう。それが三昧だ。必要上絵を画くけれど、ひとたび入ったら、必要をこえるんだ。絵のために絵を画くんです。それがさっきいった理由なんだ。かるがゆえにという、何かのために理由があるわけではない。画家は絵のために絵を画くんだと、こういうわけです。「故我願生彼　阿弥陀仏国」と、仏国だから願生するんだ。

無仏の世界に願生する

ここに観察というような言葉が出てきますけど、『観無量寿経』にも、観察という言葉が出てきます。観察というのは、あそこにも定散二善ということが出ておるんですが、あれはすでに教条化された聖道教学でして、そういう形を取っとるんです。『浄土論』なんか、聖道・浄土というようなことのない以前の教学ですから、観といっても妙観察智《みょうかんざっち》という。『観無量寿経』の観は想です。妙観察智じゃないわね。次に何々を想せよと、こういうようにいっている。あの中で非常に大事なのは、第七華座観《けざかん》だ。あそこに見という字が出とるでしょう。見るのが妙観察智。表象しとるだけではない。浄土を作願する、それは止観のためだと。止観というところに見という字があるんでしょう。仏を見る、こういう字がね。

『大無量寿経』のいちばん最後に、それまでは釈尊というけれども、弥陀になり切って『大無量寿経』を語っておられた。けれど弥勒《みろく》が出てきて、三毒五悪段《さんどくごあく》というものをくぐって、いちばん最後のところであらためて西方に向かって、阿難に礼拝ということを命ぜられるでしょう。合掌礼拝。そして、頭をあげたら、その時、浄土および浄土の仏を見た。こっちが見た時には、向こうの方でも見ていた。こっちが探しとるんだけど、西の方はそうじゃない。ここだ、ここだといっているわけです。そういう経験ですね。そういうことがあるんです、見るということが。

「煩悩《ぼんのう》にまなこさえられて　摂取《せっしゅ》の光明みざれども」というのがあるでしょう。あの、見るということが、ここに包まれているわけです。仏を見るということはどういうことかというと、仏を見るということは煩悩のまなこでは見えないんです。つまり、仏を見るということは、仏のまなこを自分が得たということでしょう。仏のまなこで見れば、仏でないものはない。そこに妙観察智というものがあるんです。

だから、安楽のために作願するんじゃない。こういうわけだ。こういうのが蓮華蔵《れんげぞう》世界というものなんです。安楽浄土というけれども、安楽浄土の中に蓮華蔵世界というものがある。法界《ほっかい》だね。つまり、西方といってあるけれども、外から見るから西方なんで、西方に行ってみると全法界なんだ。ほんとうの意味の世界観というもののまなこを開くということです。その仏を見たものだけでないと、今度は穢土に出てこれんのです。浄土に入っても、仏を見なければもとのとおりだね。入るに入ったけれど出れへんのです。仏を見たから出れるのです。仏ならざることはないのです。のみならず、仏のない世界を仏にせんならんのでしょう。それが使命感でしょう。「何等《なんら》の世界にか、仏法功徳《ぶっぽうくどく》の宝《ほう》ましまさぬ」と。だからして、有仏の世界に願生したけれど、願生して仏を見れば、今度は無仏の世界に願生しようと。そこに使命があるでしょう。無仏の世界に願生する。それが出門でしょう。

転変《てんぺん》するということ

それで、もう一つつけ加えたいことは、五念門というのはなかなか大事なんですよ。五正《ごしょう》行《ぎょう》というのと違うんだ。五正行では、観察と念仏は別ですし、讃嘆と称名は別でしょう。しかし、五念門というのは全部念仏だ。念仏がその中にあるんじゃない。第二讃嘆門の称名念仏が五念門の体だ。その法相を明らかにするために五門の秩序をもうけたんだ。念仏というのは呪文じゃないんです。だから、入る時は穢土に入ったけれど、止観というのが浄土の生活なんだ。浄土の生活ですわね。その浄土の生活をもったものだけが、穢土にかえることができるんです。人間をこえたものだけが、人間に入ることができる。そして、人間を如来に転ずることができるんです。

だいたい回向というが、回という字は回転というような意味です。回転《えてん》、さらに回は回転であり、転は転変という。つまり、同じ原語ですけれど、パリナーマ（parināma）と。これは唯識でいう識転変《しきてんぺん》という場合の言葉です。それが色々な言葉に使われます。たとえば転変、変《へん》易《にゃく》と。変易ね。変易生死《へんにゃくしょうじ》という言葉もあります。我々の、宿業によって流転するのを分段《ぶんだん》生死《しょうじ》というんです。しかし、生死が菩薩にとっては遊戯《ゆげ》するところでしょう。また穢土にかえるといっても、もとの凡夫にかえってくるんじゃないんだ。穢土に遊ぶんです。戦いの世界が遊戯する場所になってくる。それが回向の中に入った場合、生死といっても変易生死という。戦いの世界が遊ぶ世界だ。

だから、転変という言葉は色々な意味に使われるんです。今いった場合、パリナーマというのは識転変という言葉で、それが法相の用語として説かれた場合は転変というんですけれど、こっちの回向とか、変易という場合は、今度は実践概念だわね。行ですから、同じ言葉が実践概念として用いられる。こういう言葉はそうたくさんありませんから、わかりにくいかもしれませんけれどもね。

言語、言葉ですよ。これは翻訳されたのは漢民族の言語ですが、もとの言葉は梵語です。えらい違いがあるんです。梵語なら、ギリシア語に通ずるものがあるので、フランス語とか、あっちの言葉に翻訳しやすいのでしょう。漢民族は何で困難かというと、語族が違うんです。語の種族が違えば、比較はできんのです。語族の違うものは、日本語とギリシア語はどうだというような比較はできん。対照はできるけれど、厳密な意味で比較はできん。全然語族が違うんやから。

漢民族の言語というのは何かというと、孤立語といいますね。アルファベットもわからんしね。字引きといっても語彙《ごい》を集めてあるだけでしょう。で、ヨーロッパの字引きというものは、字引きそのものが文法的でしょう。学問的でしょう。形容詞とか、動詞とか、名詞とか、変化がね。ずっとたどれるようになっています。言語学者はああいうのを屈折語というんですけどね。そういう言葉を使うんですが、僕はそうじゃない。転変語だと思うんだ。屈折語という、そんな固い、頑固な言葉よりも転変語というのがいちばんいい。いってみれば、名詞といっても、今では四つしかありません。主語だとか、目的語だとか区別がありましょう。ああいう区別ですね。それから単数、複数ね。また女性とか、男性とか、言葉に性的な性格があるということは不可思議です。そんなこと、日本語や漢語では考えられない。

動詞はこれは時間でしょう。過去とか、現在とか、それらのものが皆、音韻の変化であらわされるでしょう。語尾変化とかね。つまり音韻の転変であらわされるでしょう。そういう転変という言葉は、言語で代表すればいちばんよくわかる言葉だと。語尾変化であらわされるんですよ。つまり、変ずるということが中心なんでしょう。転変ね。変易ね。それから変現ね。変現する。変ということが中心概念なんじゃないかと思うんですね。

真宗教学は回向の教学

それから、つけ加えたいのは、回向概念の拡大だね。範囲を広げていくんです。天親菩薩の五念門には回向門というものがあるけども、五功徳門というものは、五念門の果でしょう。その五番目は何かというと、園林遊戯地門という。これは回向ではない。回向の結果でしょう。

回向の結果だわね。回向じゃない。ところが、曇鸞大師は園林遊戯地門において、還相回向というものを立てた。回向とは、往相だけじゃない。さらに、あらためて曇鸞大師は還相回向というものを立ててきた。回向の結果である、そういう結果を含むような回向なんだ。回向の結果というだけじゃないと。そういう結果を含むような意義をもったものが回向だと。果の方がかえって因の意義を明らかにしてくる。そうすると回向の範囲が大きくなるでしょう。回向ならざるはないでしょう。

だからして、第五の回向門でも「回向を首《しゅ》として」と。いちばんしまいが回向ですけれど、五念門の終わりだけれど、そうじゃない。五念門は、その終わりからはじまるんだ。「回向為首」でしょう。回向がはじめなんだと。だから、礼拝も回向からはじまってくる。そうすると、入回向になるんじゃないですか。入回向になり、また回向の結果が回向になるでしょう。回向の概念が拡大していくんだ。ほとんど、真宗教学は回向の教学になってしまう。

世界観の方では荘厳というような言葉が出ていますからね。荘厳というのが大事な概念なんです。荘厳世界と。あるいは今日の言葉でいえば、象徴というのかもしれません。いちばん近い表現はね。願心の象徴である。象徴ということが、かえって願心に象徴されたものを通して、象徴を生み出した願が力をもってくるんじゃないかね。願心が願力になるんだ。象徴を通して、願力回向という。象徴を通して、願が力になる。

象徴という概念も、天皇は象徴だ、法主は象徴だといっておるけれども、意味がわからんのでしょう。法律学やなんかじゃ、象徴という概念は入らんのじゃないかね。象徴というのは、きわめて思想的な概念ですからね。そういうことも一つあるんじゃないか。法律だけで片のつくものが国じゃないんだ。国は法律以上のものをもっている。象徴という概念を使わないと、国ができないようになっているんです。法律の範囲で片づけようとするとわからん。

それから、回向を表現と、曽我先生はいっておられたですけど、回向の場合には表現という。荘厳の場合は象徴という意味ですけれど、回向の場合は、今度は世界の歴史になるわけですから。この行は、回向を表現というような、やはり現ですわね。転変の変現だわね。表現といっても一部分しかあらわれんけれど、表現というものを厳密に考えれば、いちばん代表的なものは芸術作品でしょう。学問は認識の世界ですし、芸術は表現の世界です。いってみれば、これは表出とは違うんです。つまり、形のないものが形として表現されて、表現された形で形のないものの意義を明らかにする、という時に表現になる。作られたものから作るものへや。作られたものがかえって作っていくんだ。その時表現になるんです。

願心が願力になる。形づくられたものが、かえって形づくるものを作っていくんだ。そういうことを考えんというと、荘厳でも、回向でもわからんでしょう。表現というのは、息をはくというものと違う。それは表出運動、生理運動や、表現と違うでしょう。絵画きが絵を画くんじゃないんです。絵が絵画きを作っていくんです。作品が画家を生み出してくる。作者が作品を生み出してくるんじゃないんだ。そんなの表出ですわね。こういう具合に、回向という概念が非常に拡大されてきた。

願心の回向成就

おもしろいのは、「解義分」の中の「浄入願心《じょうにゅうがんしん》章」というのが、浄土の精神生活の内面を語っている一章でして、その中に「三種の成就は、願心をして荘厳せり」という言葉がある。これが大事な言葉なんです。願心荘厳という言葉はどこでも出るものじゃないと思いますね。これはやっぱり天親が唯識の論家だから、ああいう言葉が出たんだ。龍樹や、そういう人からは願心荘厳という言葉は出てこない。

それで、その理由がね、「略説して一法句《いっぽっく》に入るがゆえに」とこう書いてある。荘厳された世界は二十九種でしょう。二十九種荘厳、それが略説すれば一法句に入ると書いてある。入るがゆえにと。なぜ願心荘厳かというと、一法句に入るがゆえにという意味なんです。その一法句の解釈が色々あるんですけれど、どうもはっきりせん。僕が思うには、一法句に入るから、二十九種が願心荘厳ということがいえるんです。一法句に入らなければ、つまり二十九種が二十九種自体でとどまったら、表現でも何でもないでしょう。荘厳でも、一法句に入るから荘厳になるわけです。

その一法句というのは何だと。これは法性一如《ほっしょういちにょ》という言葉でいい替えられる言葉だけれど、そんなものがどこかにあるんじゃない。つまりいってみれば、願心自身なんだ。願心自身が一法句なんですわ。そういう時に言葉はないけれども、an sichと。願心自身という言葉が面倒な言葉なんだ。それ自身ということがね。これはまあ、カントでもDing an sichという言葉、物そのものという。あれはカント哲学の難問だったんです。後ではそれを削ってしまった。それを削ってしまったから形而上学になってしまった。しかし、それを立てれば観念論、イデアリスムス（Idealismus）というものは成立せんと。こういうような難問をもった言葉ですけれど、Ding an sichと、やはり非常に暗示的です。

物という字があるでしょう。これは仏教の言葉ですわね。物は物質じゃない。人間のことを物というんです。為物身《いもつしん》。者というのと同じことなんです。仏教で物というのは物質のことじゃないんだ。人物とこういうでしょう。阿弥陀仏は、名号は為物身だ。単なる実相身《じっそうしん》じゃない。Ding an sichという言葉もあるし、これは面倒な議論ですけれども、オーストリアの思想家でボルツァーノという人がありまして、これは近代になって、急に見出されてきた深い思想家ですが、その人にバールハイト・アン・ジッヒ（Wahrheit an sich）、真理それ自身とかね。ザッツ・アン・ジッヒ（Satz an sich）、命題それ自身というような言葉がある。命題というのは句でしょう。一法句の句ね。あれは命題でしょう。ああいうような、真理それ自身とかね、物それ自身とかいう言葉が、ヨーロッパの思想の上でも出ておるんですよ。

如というのはやっぱり、真如という訳語があるけれども、如如と。こういうようにいう翻訳もある。それがそれのごとくあることなんです。そのものがそのもののごとくあることなんだ。そういう概念は通俗的になかなか理解することはできませんけれども、やっぱり願心自身の法性やね。真如・法性というのは対象としてどこかにあるわけじゃないです。対象として考えればイデアになってしまうから、理念になるから。そうじゃないんだ。その心性なんだ。それはチッタ（citta）というんです。心それ自身だね。物それ自身もあるし、真理それ自身もあるけれども、チッタそれ自身、心それ自身と。心の法性になるわけですからね。そういうものを離れて別に……。それを象《かたど》ったものが三種荘厳だと、こういうわけでしょう。

だから、願心の自己荘厳だ。ほかのものを荘厳するんじゃない。いろんな本を読んでみるというと、願心というものが、一法句というものを二十九種で荘厳したという具合にバラバラに考えてますけれど、そんなものじゃないと思います。願心が自己自身を荘厳している。こういう非常に高度の思想概念です。その願心荘厳ということがいわれているんですが、親鸞が願心の回向と。願心荘厳という『浄土論』の言葉を、親鸞は願心の回向と、こういうあらたな用語を作ってますね。そして、『教行信証』にも「もしは行・もしは信」、「もしは因・もしは果」、証は果でしょう。行信の因によって。「もしは往《おう》・もしは還《げん》、一事として如来清浄《にょらいしょうじょう》の願心《がんしん》の回向成就《えこうじょうじゅ》したまうところにあらざることあることなきなり」（『浄土文類聚鈔《じょうどもんるいじゅしょう》』）と、こう結ぶんです。願心の回向成就だ。一事として、それでないものはない。願心の回向成就として一切の教が包まれている。

講義はここまでにしておきます。

（一九七九・六・九　伝道講究所特別講義で、『教化研究』第八八号〈一九八〇・九・一刊〉に掲載）

真宗の教相

体験から経験へ

ちょっと旅行をしていまして、二、三日前かえってきたところで、どうもくたびれておって、皆さんの期待にこたえるようなお話ができんのです。自分でも内容がはっきりせんのですが、お話は菩提《ぼだい》心ということです。

親鸞には、この「浄土の大菩提心」と、それから「横超《おうちょう》の金剛心《こんごうしん》」、「横超の大菩提心」とか、そういうようなことが出ています。この「浄土の大菩提心」ということはですね、聖道の菩提心と区別していわれている言葉ですね。

『正像末和讃《しょうぞうまつわさん》』というものを見ても、初めからあったに違いないですけども、特に何かそういう関心が晩年、ただ年齢だけでなく、そこに環境というものがあるんでしょうね。そういう関心が晩年にことに盛んではなかったかと思いますね。菩提心の問題がですね。親鸞のこの思想というものについてですね。

思想というのは、やっぱりこの成長するものでしょうね。だからやっぱりそこに転換期というものがあったんだと。そういうことなしに、ただ初めも終わりもなしにいってしまえば、教理学、教理というものになってしまいます。そういうドグマというものでなしにですね。いってみれば「聖道《しょうどう》の諸教は行証《ぎょうしょう》久しく廃《すた》れ」という、『教行信証』の後序に出てきますが、つまり教理というものになることが滅亡なんですね。教理というものになってしまうことが、教理まで消えてしまうんじゃなしにですね。教理になってしまうことが滅亡だと思うんです。教理ということになるというと、現実の教団の御用教学ということになってしまう。

現実の教団というものを基礎づける一つの教学、思想的意義というものを明らかにすることによって、初めて教理をこえるんです。思想というものは教団のものではないんですから、教理になれば教団というものになってしまいます。

思想という言葉も用いる人によって、色々違うでしょうけれども、とにかく思想というものは普遍的なものです。思想的に明らかにするということが、それがつまり教団をこえるゆえんであってですね。それが教理になってしまえば、それは教団の範囲というものに閉じ込められてしまう。

これは皆さん知っているように、清沢先生とか、曽我先生とか、そういう方々を通して、現代の人は親鸞に近づくんであって、思想を通して親鸞に触れる。つまり思想ということは、我々にどういう意味をもつのかということですね。教団人でなしに、一般に人間としてどういう意味をもつかということが、思想的意義であり、思想的価値というものでしょう。そのことが、清沢満之から始まったんでしょう。

普通には、たまたま、偶然に清沢先生は大谷派に僧籍を置かれた。外から見ると大谷派の学僧としてしか見んけども、それは外から見るからそうであってですね。内面的に見れば、全仏教を通して近代人、近代思想というものの上に、親鸞の思想というものを明らかにしたと、そういう意義をもっとるわけですね、清沢先生の教説というものは。それが非常に大きいと思うんです。つまり人間の本質というものに訴えるような意味をもつところに、思想というものの意義があると思うんです。思想ということも使う人によって色々ですから、そうでない場合もあるわけです。しかし、思想ということを通して、初めて体験というものが経験になるんでしょう。個人的体験というものが、個人性をこえて経験というものになっていくんだろうと思います。

譬喩を破る真理

私は近年、人間の本質というものを暗号、つまり一つの記号として「魂」という言葉を用いるんです。けれど、これは学問的概念でなしに、学問以前に通ずる。説明を必要とせずして、うなずける一つの言葉として用いるんです。民族的な「魂」というものもあるけれども、そうでなしに人間をして、つまりアニマルをしてアニマルたらしめるものという意味で、この「魂」という言葉を、記号として、そういう一つの言葉として用いるんです。それを何か思想的に固定する。思想というのは「魂」という、つまり問題の所在をあらわす記号として用いるんです。「どういうことに問題があるのか」という、魂に関する問題というわけですね。ただそういうんですけども、魂から出て、また魂に語りかけるような言葉です。そこに思想というものが、初めて一つの形をもってくると思うんです。

今あげました「横超の金剛心」とか、「浄土の大菩提心」、特に「横超の金剛心」ですね。金剛というような言葉も一つの譬喩ですけども、何もくわしい説明を必要としない。これはおもしろいことです。インドの論理学では、譬喩ということは、論理学の概念として用いられるんです。つまりいってみれば、大前提というものをあらわすのに、譬喩ということが使われている。大前提といえば、おおよそ生まれた者が死ぬということは大前提です。そういう事をいっても間違いはないけれども、具体的な直観に訴えることはできませんね。だからそのもっとも一般的なるものを、それを直覚的に表現するという意味で、譬喩ということが論理学の概念で用いられとるんです。

金剛といえば、ダイヤモンドのことですけども、堅さというものをあらわしている一つの譬喩ですわね。ダイヤモンドのごとしといえば、何かがダイヤモンドのごとくであると。こういう意味でダイヤモンドが譬喩になるんですけども、しかしそのダイヤモンドということを直接表現すれば、堅固なるもの、壊れないものと。我々が主観によって破ることができないもの、主観の自由にならんものですね。それ自身に真理があると、人がそれを証明するとか、証明せんとかいうことを待たんですね。真理、2と2を加えれば4になるということは、加えたことが根拠ではないですね。そうでしょう。加えたから4になったんではない。加えなくても、2と2を加えれば4になることは算術の真理ですね。三角形でもそうです。書かれたものは三角形ではないんですね。点だけあって巾《はば》がないということは見えはせんです。そうでしょう。見えないものが実は数というものの一つの本質なんです。形を通して、形のないものを直覚するわけですね。本質というものは直観されるものです。だから真理は何によって真理であるかといえば、真理は真理によって真理であるわけです。真理でないものから真理を基礎づけることはできません。

そうすれば、動かすことができないものというものの方が、ほんとうの譬喩なんです。ダイヤモンドは堅いけども、やっぱり壊れることがある。けど堅さというものは壊れんでしょう。堅さの真理、真理の堅さは壊れません。そういうものが、かえってほんとうの意味の真理の譬喩ですね。つまり一般的なものを直接に語っとるものです。それはどういうことかといえば、

AはAのごとしというでしょう。AはBのごとしというんじゃないですね。だから一つの鉱物としての喩《たとえ》は、それは「喩依《ゆえ》」というものですね。鉱物としての喩は「喩依」であって、ダイヤモンドという鉱物です。それは「喩依」であって、「喩体《ゆたい》」ではないですね。堅いものは真理のほかにないでしょう。それを我々が、知るとか、知らんとかということによって動かんものでしょう。そうでしょう。その方がほんとうの喩なんだ。ダイヤモンドというのは喩ではないんで、かえって喩の依なんであって、こういうようなことが、論理学でいわれてます。

「二河譬《にがひ》」というのがあります。この「二河譬」というものを通して、一つの信念というものを、信心というものを明らかにしようとしている。その時にやはり金剛という字が出るわけです。あの「二河白道《にがびゃくどう》」も譬喩ですけども、しかしながら金剛もまた一つの譬喩です。起源の古い譬喩ですね。だからあの時、「我」、「汝」ということが出てきます。「二河譬」の中に聞いた一つの声ですね、「我」、「汝」というのは。あんなものは譬喩じゃないんでしょう。むしろ普通の譬喩ということからいえば、ああいうものは何々のごとしというものじゃないですね。直接に表現しとるでしょう、白道そのものを。白道の内面の本質を直接に表現してますでしょう。普通のいわゆる譬喩というものからいえば、かえって譬喩を破ったものだと。

『観経』は譬喩経である。「広説衆譬《こうせつしゅひ》」ということがあって、『観経』は譬喩経だと、これは経典自身が語っています。これは天親が『無量寿経』を解説して、「優婆提舎」であると、こういっているものに相応ずるものですね。『無量寿経』は「優婆提舎」であると、論議経であると。つまりロゴスを明らかにしようとしているものが『無量寿経』であると。『観無量寿経』は譬喩であらわすんだと、こういう意味です。だから、譬喩の中に譬喩を破っているんだと。かえって破った方がほんとうの譬喩なんですけどもね。そうすればそこに、かえって論議としてあらわされるような真理ですね。その真理の方がほんとうに動かすことのできない金剛ですね。真理、生きた真理は声ですね。我々に、「我」、「汝」と呼びかけるような真理です。そういうことになってくると思います。

真理の伝承

これは余談ですけれども、それは何かというと、金剛にしても、善導にある言葉です。金剛心というのはだいたい菩薩の最後ですね。究竟《くきょう》ですね。つまり菩薩というけども人間の終わりです。人間の終わりを押さえた言葉です。人間の終わりを押さえて、如来に触れるんです。人間の終わりを押さえる。そこに如来というものに踏み込む。ベトレーテン（betreten）という言葉がありますが、踏み込む。つまり、跳躍なんです。人間の最後が跳躍板となって人間以前の世界に踏み込む。こういう言葉を金剛というのですね。いってみれば、何でしょう。仏ではないけれども、仏を目前に見ていると、こういうんでしょう。仏ではない、如来ではない、けど如来は外にあるわけではないんです。如来の鍵をつかんだと、如来をして如来たらしめるものを押さえたと、押さえた時、人間は終わるんです。終わるところから始まってくるんです。そういうようなものですね。その限界というものを押さえる。限界なしに人間が如来にいけば、それは神秘的体験というものになってしまいます。人間の終わりを押さえて始まると。つまり人間に死んで、如来に生きるわけです。そうすると、そこに如来というものが自覚になってくるでしょう。そういうことが金剛です。それに最初にあるものが信心でしょう。人間の最後にあるものを最初に見出すと、その最初に見出した心に、実はそれが終わりなんだと、死ぬる時が終わりではないんだと、初めて我々がまなこを開いた。そこに人間が死するのだ、そして人間をこえるんだと。こういうわけで、その最後の言葉を最初にもってきたんでしょう。そこには善導の非常に深い、金剛という言葉に対する洞観ですね。洞観があったんだと、感動があったんでしょう。それを親鸞が非常に用いて、するとやっぱりその洞観から生まれた同感ですね。共鳴ですわね。それが金剛という一つの言葉ですね。

僕はこういうことを思いますね。思想というものはどうして伝わっていくか。それは感動から伝わる。その感動がない場合に教理というんだ。感動するといえば、真理に人間が感動するんですから、そうすると感動した人間に真理があらわれてきますね。だから、真理というものが伝わるのは、人間に伝わっていくんですわ。そしてその人間が真理を証《あかし》するわけです。自分の存在をもってですね。それが浄土真宗というものじゃないですかね。本願寺というものでなくて。感動のほかに浄土真宗がありますかね。真理に対する感動のほかに浄土真宗がありますかね。そういうところに思想というものが成り立ってくる。そういうのがない時には、ただ教理、教団の御用教学ですね。教理になった時には、教団人はおるけれども、人間はおらんです。真理を証するような人間はおらん。いわゆる仏教の言葉でいうような覚存《かくぞん》はおらんです。単なる存在としての人間はおるけれども、覚存というような人間はおらん。真理に証されて、真理を証しとるような存在が、つまり覚存です。

真理というものは、真理そのものは、伝わるも伝わらんもないものなんです。伝わったから増えたんでもない。伝わらんから消えたんでもない。ただそれが伝わるという一つのトラディションというものになるのは、人間がおるからです。真理を感ずれば、感じられた真理は人間に応じてくるものなんです。真理と人間の感応道交《かんのうどうこう》です。だからそこに人間が生まれてきますね。父母から生まれてくるんじゃない、真理から生まれてくるんでしょう。これが生きとるということです。真理が生きるということです。これがなければ思想も成り立たないし、それから人類のオアシスとなるような僧伽は成り立たない。

数習《さくじゅう》する

教団から区別して僧伽という言葉を使うなら、教団というものはこれは人間の集まりです。単なる人間の集まりです。だから真理が歴史となるのは、真理から生まれた人において歴史になる。歴史の原理がトラディションです。トラディションということは、習慣ということとちょっと違うんです。ものを繰り返すということが習慣です。ものを繰り返せば繰り返すほど、ものは消えていくわけです。それが習慣ということです。我々が歩くことはどういう意味かというと、ちょっと定義しにくいけどね。人間は二つ足をもっているんですから、右足と左足を交互に出す運動だと、歩くことを定義すればですね、いってみれば。始めは一歩出すことに努力がいってですね。それを繰り返せば、無心に、もう歩くという意識はないですからね。そういう意味もあるんです。消えてしまうということもあるけれど、しかし、繰り返すということの非常に深い意味でしょうね。浅く考えれば習慣は繰り返せば繰り返すほど、ぼけてしまうということですけども。

繰り返すということが直線にいかずに、円環的にですね。出ることによってかえる、新しくですね。出るということは、もとにかえることだと。まあ反復ですね。直線的に繰り返すんじゃなくて、出ることによってかえってくるんだと。こういうような意味になれば、習慣というのは、繰り返せば繰り返すほど消えていくんじゃない。繰り返せば繰り返すほどはっきりしてくる。二様ありますね、繰り返すということには。繰り返すことによって消えてしまうという場合と、繰り返せば繰り返すほどはっきりしてくると。はっきりしてくるのがすなわちトラディションというものでしょう。

仏教で等流《とうる》という言葉がありますけど、等流、等しく流れるということは、前後が同じだという意味もあるけれど、一層はっきりしてくると。「青は藍《あい》より出でて、藍より青し」と、こういうことですね。だから、等流という場合にはやっぱり歩くことによって一層はっきりしてくる。同じことの同語反覆じゃない。一層はっきりしてくる。ものを繰り返さなかったらそれは消えてしまう。繰り返すことによって一層はっきりしてくる。

まあ根源にかえるというようないい方がありますが、発展、進歩するんじゃない。発展するという場合は、この進歩という科学概念もありますけど、発展といえば内に向かって発展するんです。外に発展してしまえば、さっきいったように習慣化されてしまう。なくなってしまう。内に発展していけば、修道《しゅどう》ということがありますが、修道、菩薩の十地の修道ということがありますが、修という字はですね、「数習」するという意味があります。これは修習という意味がありますね。習慣の習ですけど、同時に「さく」という意味がありますね。「数習」することが修習することなんです。つまりたびたび繰り返すということなんです。一ぺんでなしに、その得たものを得たままで、繰り返さなかったら消えてしまうんだ。得たものは繰り返すことによって得たものがはっきりしてくる。

得たものを得たとして、そこで腰掛てしまいますね。それでやんでしまう。つまり最後までいけば、もとのもくあみになります。忘れれば得なかったとこにかえってしまうんですから、だから得たものを、ただ同語反覆すれば、忘れることになってしまうんです。得たものを繰り返すことによって展開する。得たものは間違いないです。いまだ得なかったものを得たんですね。真理の経験というものは、そういうものでしょう。今まで得なかったものを得たんだけども、同時にそこに人間はいろんなものをもっとるんですよ。我々が信心を得たといっても、すぐ煩悩が消えたわけじゃないですからね。だから信心獲得したということと、煩悩があるということは、何も矛盾せんですよ。そうでしょう、雑居性だから。煩悩があっても、煩悩に支配されることがなくなった。こういう意味ですね。信心が煩悩というものを憎んだら、憎まれる煩悩と同格になってしまいますよ。だからそういうものに覆われるといいますかね。ただ反復するということは同じことを繰り返しとるんじゃない。得たけど得たものと共にですね。雑居性というものをもっておる。得たものを真に磨くということは、その雑居性というものを転じてやね。支配されておった雑居性を支配していくわけですよ。そうするとそこに、得た真理が一層磨かれていくわけです。反復すればするほど磨かれていく。

得たものは見道というんですよ。見道が見道にとどまるなら見道は消えてしまうんだ。見道というものによって、その見道を覆っている雑居性を転じていく、そこに否定があるわけです。その雑居性を敵にせず、かえって自己を磨く材料にしていくわけですよ、真理がね。そういうことによって真理が磨かれていくわけですよ。展開していくわけですよ。「もてる者はますます与えられる、もたぬ者はもてるものをも失うんだ」と、こういうような『福音書《ふくいんしょ》』の言葉もあります。もてる者はますます与えられる。しかしもたぬ者はもてるものをも失ってしまう。こういうわけですわね。だから見道というものから、修道は、だんだん登っていくんじゃなしにですね、見道ということは、真理を見出したということです。そういうものがいってみれば、見出した真理が、真理にないものを見出す。真理が見出した真理の光に照らして、真理でないものを発見していくわけですよ。何が真理でないのかですね。真理でないものを見出して、真理でないものを通して真理を明らかにする。だから見道というものは、一面からいえば、上昇していくともいえるけど、下降していくわけですよ。まあこれは平凡な言葉でいえば、修というのは修養ということですけどね、つまり切磋琢磨《せっさたくま》することですわ。「貫練堂《かんれんどう》」という額がかかっているようにですね。修養ということは、清沢先生が非常にやかましくいっておられますね。その修養というのは、痩馬《やせうま》をたたくんじゃなしに、その修養することができるという立場を見出すのが見道です。修してさとるんじゃない、さとって修するわけです。

真理に出会う

まあ話はえらい横にいっちゃったけどね、とにかく、金剛という言葉に非常に感動したんですね。つまり最後をあらわす言葉が臨終ですけども、それを平生のところへもってきたんだ。終わりを初めに見出してきた。これが一つの感動でしょう。最後的なものを最初に見出してくる。そこに金剛という言葉が古くからあるけれども、古くからある言葉に善導は感動したんでしょう。その善導の感動を、親鸞がまた感動したんだ。これは言葉が感動によって伝わってく。言葉というのはロゴスですね。つまり言葉が感動によって伝わっていく。だから我々は思想とか、教学というものを考える場合にですね。理屈なんか考えるということじゃないんです。

その言葉に対する感動がなければ思想はないんです。全部教理学に陥ってしまうんです。これがいちばん大事なことですね。これはおもしろいものであって、色々説明したり、分析したりすることを、我々は本を読んだり、何かによって学びとることができるが、感動を学びとるということはできんでしょう。感じんものをどうしてみようもない。感動を教えるわけにいかない。自覚ということも平凡にとれば、知ることを知るという意味ですけど、むしろ自己をして自己たらしめるような根拠を自覚するという意味です。目を覚ますというのは、知ることを知るというのは意識の本質ですけど、根源を知るということは意識としての自覚の本質です。

つまり知ることを知るというのは、意識を意識するということは、それは意識ということの本質なんです。しかしそうでなしに、根源に目覚める、夢から目を覚ます。その根源の自覚はですね、これは意識の自覚ではない。智慧の自覚です。知的自覚でしょう。意識じゃなくてそれは認識というものですよ。認識としての自覚です。信心とか、さとりとかいうのは、意識的自覚ではないんで、一つの認識的自覚なんです。

無論、認識するということも意識であるけども、意識するということは、必ずしも認識じゃないんです。意識というものがなければ認識できん、だけど意識だけでは認識が成り立たんのです。そこに何か真理というものに触れなければ……。真理ですね。真理にも色々あるけれども、今いった我々に呼びかけて、我々を目覚ますというような真理、そういう意味のロゴスです。ロゴスはだいたい言葉という意味です。と同時に真理という意味をもっている。道理というような意味を。単なる言葉でない。人間というものを目覚ます、それを回転するような真理をあらわす言葉です。そういうものを考えねばならん。

だから、あなた方は本を読む時、どういう本を探しますかね。それからいろんな人をたずねて行く時、どういう人をたずねるかね。何かそう暇がかかるものじゃないと思います。最初の一頁の中にですね、我々を感動させるような言葉があったら、全部読む価値がある。何も出てこないなら読む価値がない。そうでしょう。その中に生きた言葉があるのか、ないのか。それが知識でない思想になる。思想的価値をもつ。単なる知識でない。知識的価値でなしに、思想的価値をもつというのは、生きた言葉があるか、ないかが決定するんです。これはまあ感動というようなものも、自覚というようなものも、人からもらえんものです。自覚する道は教えることができるけど、自覚そのものはもらうわけにいかない。もらうということは自覚するからもらえるんです。もらうことを自覚せんです。自覚までもらったら何もありません。

だから信心といっても知識じゃないんです。やっぱり「広大勝解《こうだいしょうげ》」というんですから、解ったということですけども、それはただ、何かが解ったというのでない。夢にも見なかったものが解ったと、夢が破れて解ったと、予想したとおりに解ったんじゃない。これであったかと解ることでしょう。だから初めから予想をこえるわね。つまりいってみれば、なってみて解るものですね。そうなって解るもの、真理というものは。あらかじめ何か考える、考えるというのは仮定ですわね。科学的真理というのは仮定があるわけです。それは実験によって証明するんだ。だから仮定というのは撤回することもできるというわけだ。無前提の真理というものじゃない。無前提の真理はそうなって解る真理である。つまり目を覚まして夢が解る。夢の中で夢でないといっとる場合には、一層深い夢なんだ。

あなた方は文章を書かれる時どうやね。いろんな感想を書くわね。で『教行信証』を引いたり、『歎異抄』を引いたりするでしょう。そうすると『歎異抄』を引用して書く自分の文章が、引かれた『歎異抄』の言葉に負けるでしょう。そうじゃないかね。正直なところそうですわね。そこが大事なとこなんだ。結局書くといっても、我々を動かす言葉を聞くしかないんだ。説明のためにもってきた言葉の方が説明する人間より大きいんだ。かえって説明する人間を指導していくんです。そうでしょう。だから学問といってみても、あっちこっち、ぶらぶらする必要はないんだ。生きた言葉に出会うということがいちばん大事なことじゃないかね。そうすれば、一ぺん聞いた言葉が一生を支配する。あるいは一生ぐらいでは足らんかも知らんね。一生ぐらいかかってもまだ尽きない。こういうものが一生受用して尽きずと。一生これを受用するも尽くせないと、こういうことがありますわね。ほんとうにかたじけないというのはそういうのです。別にこっちが真理を探すよりもですね、頭の悪い、迷った人間の頭をひねくったところで真理は出てこない。相談してみたところで、ディスカッションしたところで、何も出てきはしませんがね。そんなものですわね。そうでないです。向こうの方からきとるんです。こっちが真理を見つけるより先に真理の方が我々に呼びかけとる。そういう時に、初めて出会いというんでしょう。予定どおりじゃないんです。真理というものに出会うんです。また真理に出会いさえすれば、自己というものにも出会うんです。出会わん以前の自己はだいたい我執にすぎん、そうでしょう。

魂に根をもつ思想

「横超の金剛心」、金剛心ということは説明無用なんです。ほんとうの意味での譬喩というのは説明無用です。本質というのは色々ですね。演繹《えんえき》的に明らかになるものでない。そうかといって帰納《きのう》法で明らかになるものでもない。まあそういうこともあるけど、その根底に真理は真理によって、真理自身を証明しているという根本真理があるわけです。そういうものが真理の本質ですね。それはもう直覚的なものなんです。

自己というものを考えてみても、自己というのは判断の推理によって、自己というものに会うんじゃないんです、直覚的なものです。金剛というようなことは、何物にも壊されんというような、そういう意味の言葉ですね。そういうのを直覚的にあらわしている。まあ何物というと、内も外もあるけどもね、善導の語るところによると、異学《いがく》、異見《いけん》、別解《べつげ》、別行《べつぎょう》といっています。つまり思想ですよ。

魂を失った思想に、魂に目覚めた思想は動かされんとこういうんです。魂に根をもたんような思想のために、魂に根をもった思想は動かされないと。「如是如是《にょぜにょぜ》」ということがありますね、「如是如是」というのが真理であると、真理に目覚めたらですね、目覚めた意識の上に真理が事実になる。真理に目覚めれば、目覚めた意識の上に真理が事実となってくる。その事実というものが、真理から生まれて真理を証明する。真理の虚しくないことを、つまり不虚作《ふこさ》であることを、不虚作住持《ふこさじゅうじ》性というものを証明してくる。

　だからしてまあやっぱりその金剛というものが信念の確かさを語った言葉でしょう。何かが金剛である。そういうものに触れれば、触れた心が金剛なんでしょう。だからそういう一つの確かさですね。そういうものを表現というより、むしろ告白しとる言葉が、金剛という言葉だろうと思うんです。「横超の金剛心」という、そういうものを一つ考えてみても、これはなかなか我々が、普通考えてるような主観というようなものから出てこないですね。主観ではどうすることもできんのが金剛なんですから。だから主観からそういうものが出るはずがない。これはまあ唯識という……、唯識の教理が意識というようなものを見出したという思想的意義をもっとる。これは真理を見出すとか、自己を見出すとかということに匹敵する根源的なものでしょう。つまり我々にとっていちばん近いものです。何でもいちばん近いものが実はわからんものですわ。近いためにかえって遠いんです。そういうものが自己というものであり、意識というものなんです。意識というものを見出したというのが、非常に大きいんです。

表現された意識

主観というようなものがある。普通、意識というと観だというけど、そうじゃない。主観というものがあるわけでない。主観は記号にすぎんのです。記号ということも非常に大事なことですよ。記号というのはアルファベットの結合なんです。アルファベットが繰り返され、しかも順序に従って繰り返されれば、それによって何かを思考する機能がそこに見出されるわけです。

「雨」という言葉は、「あ」と「め」の結合だ。「めあ」じゃないんだ、「あめ」なんだ。順序による音《おん》の結合の反復が、何かを思考する作用をもっているんです。それが言語というものでしょう。言語で語られたものが、語られたごとく実在しとるんじゃないのです。だから記号なんだ。つまり立てられたものです。あるものじゃないんだ。だからして立てられたものの言語が、言語のごとくあるものだと考えれば、言語に迷わされるわけです。我々の意識というものを考えてみれば、言語に迷わされた経験の蓄積なんだ、我々の意識というものはね。そのことによってもっとも近いものが、もっとも遠くになってしまう。

それを根源に引き返すという一つの運動なんです、「無上菩提心」とか、「願往生心《がんおうじょうしん》」というのは。ここにあの見という具合に、主観というものがあるわけじゃない。主観の意識があるだけである。主観というものがあるわけじゃない。主観は今いったように記号にすぎんです。記号だから悪いんじゃなしにですね。言語は記号性というものが本質であるがゆえに、それが表現の動機となるわけであります。言語によって迷うものであるがゆえに、また言語によって、迷いをひるがえすことができるわけです。記号性でないと、そういうことができないわけでしょう。言語は何らの実体性をもたないでしょう。もたないから、もたない言語に迷うわけです。しかし迷う言語のほかに、迷いをひるがえす方法はないんです。そういうものが記号性という問題でしょう。ある必要上から、何かをあらわそうとすると、言語だけが表現されるものじゃない。意識というものもそうなんですがね。意識というものは何かを表現しとるんです。何かというのは対象ですわ、意識をこえたものは意識を表現することはできないんです。だから意識の表現したものを、意識は意識している。そういうのが意識の本質です。だからまあ意識というものも、広い意味の表現作用である。

日常の表現作用だね。だから顕境《けんきょう》、表義《ひょうぎ》これを名言《みょうごん》というのです。名言ということが名前ですけども、まあ広い意味での言葉ですわね。境をあらわす名言と、義をあらわす名言とがある。だから義をあらわすというのが、狭い意味での言葉ですわね。これは意味をあらわす。これは顕も表も同じことですがね。表、顕、あらわすだから、意義をあらわす。意義をあらわすものが名言だと。それからこっちの場合はですね、境をあらわす。境は対象ですから、何かを意識する。何かというのが境、意識というのは何かについての意識ですから、何かが表現する意識内容なんだね。意識の内に表現するものを意識は意識する。つまり意識の対象は意識の内容です。意識をこえたものを意識するというのは意味をなさんですから。

広い意味で、意識は意識の内容を意識する。だからそれは名言だと。いわゆる言語だけが言語じゃない。意識されるところのものも一つの言語だと、こんなことをいってますね。これはいってみれば、意識というものと、表現というものとの非常に深い関係です。切っても切れない関係をもってるものがですね……。言語というのは表現された意識だと。それから意識というのは、言葉によって意識を意識するわけです。

こんな関係をもっとる我々の経験というものを、龍樹菩薩は戯論《けろん》、分別《ふんべつ》といっております。戯論、分別の経験が我々の経験なんです。だからそれによって自分に迷う。意識があらわしとるものを、あらわしとるごとくあるものだと迷う。だから意識が意識に迷うことなんですね。ほかから何も迷わしとるものはありはしません。こういうようなことがいわれてます。

有限・無限を破る

これはまあ主観でもって、なかなかすぐ意識というわけにはいかないですね。そういうような意識の構造から考えていうと、我々が普通、意識といってるのは、自分で自分に迷った意識のことなんです。だからして情識という。唯識でいう場合には、情識という。厳密には妄情によって覆われたる意識というのですね。そういう意識をもっとるものだから、今度は衆生のことを有情というでしょう。有情というのは、意識をもったものという意味ですね。意識をもったもの、さらに言語をもったもの、自分の意識によって迷っとるもの、迷うものなくして迷っとるもの、こういうようなことが仏教の考え方ですね。

そういうものから出てきた思想もあるんですがね。その主観のあるのは主観の意識があるんだけども、意識だということがわからずに、逆に今度意識を主観だと考える場合には、それは固執でしょう。主観の固執というものを破るということが大事なことなんですね。主観の固執を、簡単にいえば意識を破るというけど、そうじゃないんだ。意識のもっとるものは主観という固執ですよ。つまり妄情ということです。自分を知らんから、つまり自分自身の真理を知らんのですわ。ほんとうに真理がわからなければ、真理でないものを真理としなければ仕方がない。そういう我々の意識は真理の外にあるものじゃないんだ。真理の外にあるものじゃないけど、自己の真理を自己で覆っとるわけですよ。

だから超越というようなことも、横超といいますか、もっと厳密に考えてみんならんのではないでしょうかね。超越ということはどこでも使っている。仏教でも竪超《しゅちょう》ということと、横超ということがあります。これは何かというと、有限なものをこえて無限に触れる。有限を超越して無限に触れるとか、そういうふうに一般にいわれておるけど、何かから何かにこえて行くと、こういうのが超越といわれております。しかし今いったように意識の構造というものから考えてみますと、そうじゃなしにですね。あるものからあるものに、有限から無限にこえるんじゃなしにですね。清沢先生にも『有限無限録《ゆうげんむげんろく》』というのがあるが、有限なものから無限なものにこえるというんじゃなくて、有限という考え、それから無限という考え、その考えを破ることがこえることなんです。有限から無限にこえるんじゃないんです。有限という考え、無限という考え、そしてまた結合するという考え、その考えというのが固執でしょう。つまり悟《ご》性《せい》の分別ですよ。そういうものを破ることがこえるということなんですよ。そういう考えを破れば、何も結合する必要はないですよ。有限のままが無限だ。これは我々が考えたんじゃないんだ。考えが破れれば、そこに真理がみずからを開示してくるでしょう。我々が構成するんでもないし、模写するんでもない。観念論的にいうから、観念論の立場で真理を明らかにしようとするから、構成的というので、唯物論の立場からいえば模写ですわ。そういう、いずれも二つの考えです。

もっと基礎に横たわっておるものがあるんじゃないでしょうか。こえるということは、どこかへ行くことではない。やっぱり根源の真理、根源の事実にかえってくることでしょう。どこかへ飛んでいくことではない。主観を破ると、それはそこに落ちてくる。主観から落ちる。こえるということは落ちることでしょう。主観から落ちれば、どこへ落ちるか、真理に落ちるわけです。真理に落ちれば、初めて事実というものに触れるわけですよ。真理の真と、事実の実とを加えれば、真実でしょう。真実に落ちてくるわけでしょう。それよりほかにこえるということはないんじゃないかな、自覚的にいえば。

これは皆さん考えてみられんならんことです。えらい屁理屈をいっているようですが、こえるということの中に、やっぱり考えが入っとる。こえることを考えとる、考えたこえ方ですわ。そうすればその考えたことが真理だといっても、なぜそれが真理かということを証明せんならんですね。真理を証明する真理ですね。それはやっぱり一つの考えじゃないですかね。考えを破った真実ですね。ただ真理だけじゃない事実もあるわけです。いかに事実を見ても真理のごとく見るわけです。真理をやめて事実を見るんじゃない。真理のごとく事実を見る。だからそういうことを考えていくと、我々が現実とかなんとかいってもあてになりはしません。理想といっても、現実といってもみな描いたものです。我々の現実は考えた現実ですわね。考えるからして、理想として描かざるを……。描くこと、つまり表象せざるをえないわけですね。

自己の真理にかえる

まあ簡単にいえばそういうところから金剛堅固というようなものは出てこんではないか。金剛堅固というようなこと、これは真実に落ちた、真理に触れた、その一つの大きな表白でしょう。これは夢から覚めてわかった真実。夢から覚めれば、夢の中にどんなものが出てきてもそれに動かされんでしょう。虎の夢を見ても、夢の虎だとわかれば、何も虎を恐れんでしょう。

だからして覚めた意識、真実に覚めた意識からみるというと、無論夢も意識だし、夢から覚めたのも意識だけれども、自己を失っとった、自己の真理を失っとった意識が、自己の真理にかえってくるわけです。こえるということは、かえるというような意味なんでしょう。かえるという意味でこえる。かえらずに、飛びこえようとするから、竪超ということになるんだろう。理想主義的超越になるんだろう。現実を捨てて、イデアール（ideal）のものを求めていくという、観念論的理想主義が竪超でしょう。そうじゃないですかね。

現実というものも考えられたもの、信というものも考えられたもの、そういう考えというものを破るということです。破るといっても暴力で破るわけではないです。考えたものだということを知ることです。暴力で破れはせんです。知ればなくなるものが、それがつまりいってみれば、考えというものの本質でしょう。知れば知るほどはっきりするものは真理でしょう。知れば消えてなくなるものは、いまいましいけど仕方がない、頭を下げる。こんなものじゃないです。そうじゃないですね。いやいや負ける、軍門に降るというようなものじゃない。軍門に降るというのは、また捲土重来《けんどじゅうらい》するんですから。そうじゃない。今は頭を下げるより仕方ないというんじゃなしに、解消するんです。解消するというのは、たたき壊すんではない。なかったものがなくなることなんです。あったものがなくなるなら、たたき壊さんならんですけど、なかったものがなかったとかえってくる。満足して消えるんですね。頭が下がったという経験は、そういうことをいうんでしょう。下げたんじゃない。つまり見の頭が下がったという意味でしょう。見の頭を下げた、無理に下げたんじゃない。見が見だと知られた。超越ということは、そういうようなことだろうと思うんですね。

道元禅師の言葉でいえば、「回光返照《えこうへんしょう》」の退歩ですわ。進歩するんじゃない。進歩的にこえるんじゃない、退歩するんですわ。考え以前にかえってくる。脚下にかえるわけです、大地に。真実のものが大地でしょう。宿業の身というものが大悲ですわね。宿業の身というのは、主観でどうにもならんという一つの道理に貫かれておる。道理の事実です。事実が道理をもっている。宿業で迷っとるということも、妄道で迷っとることも妄道なら、何も迷っとる必要はないでしょう。だからして宿業の身ということは、暗い、いやだというのは主観の解釈でしょう。我身が情けないとか、いやすぐれとるとか、こういうような評価ですね。評価というのは主観の評価です。評価というものはほんとうのクリティーク（Kritik）というようなものじゃない。批評というものは主観の評価です。それは宿業じゃない、宿業が見えん証拠ですわね。宿業とは暗いものじゃない。暗いとか、明るいというのは主観の解釈にある、主観にあるわけです。宿業の身、つまり心といわずに、身といってあるのは動かすことのできん事実だから。宿業の心というより、宿業の身ということは、生きて存在していることの、つまりいってみれば象徴というより、徴表《ちょうひょう》なんですわ。メルクマール（Merkmal）なんです。これは今日の学問では大事なことですね。身体という問題はなかなか解けない。

つまり解釈、主観的評価、主観的解釈を破るということです。それは破らなければならんものですね。破れんものなら真理です。破りうるもの、また破らなければならんものです。それはなかなか容易でないには違いないけど、容易であるかないかということは、別の話ですからね。破りうるものであり、破らなければならんものです。

煩悩を恐れず

そのようなことから考えるというと、やっぱり見という言葉で、金剛のごとくというのは、いろんな見に動かされない。見というのは見解ですわね。見というものの構造をもったものが執なんです。固執ですね、主観の固執。執というものの本質は見なんです。「邪見憍慢悪衆生《じゃけんきょうまんあくしゅじょう》」と書いてあるでしょう。ああいうことをいうのは、邪見憍慢の衆生がそのまま救われるということではない。けど宿業の身はそのまま救われる。邪見憍慢がそのまま救われるということはないでしょう。邪見憍慢があるから、宿業がわからん。だから宿業というのも、みんな何か一つの見として語ると話が違ってくる。だからその宿業というところに見が破れた。何というかね、「至徳の風静かにして衆禍《しゅか》の波転ず」とこうありますが、その我身を憎んで、憎むことによって憎む者が苦しんどるでしょう。憎むことによって、どうもできん。どうもできんけど何とかしたい。何とかしたいけどどうにもならんという。見の流転ですわね。それに悩んどるのでしょう。けどそれは、見が破れてその宿業の身にかえれば、清風脚下からおこるんじゃないですかね。煩悩が消えたわけじゃない。煩悩を恐れんということですね。つまり人を、我身を恐れんということです、諦観《たいかん》ですよ。静かに見る。そういうのが出てくれば、別に煩悩を否定するわけじゃない。問題は見というものが破れれば、煩悩はなくなるわけじゃないけど、煩悩があっても、それに悩まされることがない。煩悩があることはうれしいことでも、何でもないけども諦観すれば、それに耐えうるような大きな力ですね。よく見ることができる。いやいや見るんではない。いやいや見るような考えを取ってしまえば、はっきりと見れる。見れば見られたものに悩まされるということはないでしょう。だから清風脚下におこるんじゃないかね。「至徳の風静かにして衆禍の波転ず」るんじゃないですか。

まあ信仰告白というような形をとれば、そういうのを懺悔《さんげ》というんじゃないですか。懺悔とは罪がなくなったことじゃない。清められた罪でしょう。罪までなくなったんじゃないんだ。あの『歎異抄』にもですね、「他力をたのみたてまつる悪人」と、悪人でなくなったわけじゃない。他力をたのむ悪人、こういうわけでしょう。そういうものになっていくんじゃないかね。信仰の表白という形でいいあらわせばですね。だから見というものがあるんだけれども、それはその主観の上に成り立った見、また見を執る見、見はそれ自身、固執です。つまり我執とか、法執とかいわれるものですけども、しかしその固執した考えを固執する見取見《けんじゅけん》、それをイデオロギーというんでしょう。そういうものに動かされないと、それも一つの見なんだ。だからそれは正見なんだ。無見じゃないんです。見といったら、初めから邪見ばっかりあるんじゃない、邪見があるといえば正見がある。

迷うのも思想だけども、迷いをこえたものも一つの思想でしょう。だからそれは一つの主観から出てきたんじゃない。主観よりはもっと根底からですね。その根底にかえって、根底というものに触れた自覚です。根底に目覚めた自覚です。そういう時に、それも一つの思想だけども、正見というものになるんじゃないでしょうか。思想に対して無思想ということではないと思います。

やっぱりそういう生きたロゴスによっての感動から生まれるような思想です。そういうことが教学というものの基礎になるんじゃないでしょうか。だから教学という問題も、ただ理論で組み立てるというようなことではないんです。そういうようなのは教学じゃない。それはまあ一つの文化的教学、文化という一つの隷属心をもっているんですね。教団の教学というもの、そういうものから人は生まれはせんですよ。人が楽しむものです。そうでしょう。余裕と頭のある人間が楽しむものだ、教養というものは特権ですわね。そうじゃないかね。それ以上のものでも何でもありはせんわね。息ぬきと酒だけで満足しておるのと、思想に満足しておるのと同じことなんだ。質は違いはせんですよ。程度が高いか、低いかだけの話でしょう。そういうところに教学を立てるということは、空中楼閣ですわね。そこから人は生まれてこないんです。だから人間が生まれるというような一つの教学、思想ですわね。根底をもった思想というものを明らかにするということが、これは大事だと思いますね。

根源を忘れたものを根源に呼びかえす

菩提心、横超の大菩提心とか、往生の願心とか、菩提の願心とか、願ということは、これはいずれにしても、究竟《くきょう》的にはつまり人間というものを脱出させることなんでしよう。主観の固執から脱出させることですね。解脱させることでしょう。だから解脱せしめられた信念を金剛というんです。しかし解脱せしめるものは、基礎に要求があるわけでしょう。

つまり「共発《ぐほっ》」ということと「各発《かくほっ》」ということがありますね。善導が「各発《かくほつ》無《む》上心《じょうしん》」、「共発金剛志《ぐほつこんごうし》」といっています。金剛ということは「共発」、共ということは共同でしょう。共同とか、平等とかいう意味でしょう。「各発」というのは、各人各人の立場でおこす。つまり主観的な立場でおこすわけでしょう。主観的立場でおこした菩提心。主観という根底、そういうものじゃなしに、そういう人間に問題を求めないわけです。

能力があるとかないとか、できるとかできんとか、そういうような人間をえらばん。誰であるかをえらばんですね。人をえらばん、そういうような一つの大きな願心というものがですね、願というものは、誰かからおこる菩提心ではない。誰かに先立ってある一つの願心ですね。誰かがあってそれがおこすんではない。誰かというものも、そこから生まれてくるような願ですね。根源的意欲ですね。本願といいますが、願というものがそのゆるぎない信念の本なんです。共なんだ。そういうものから生まれてきたものなんです。これは人間の主観の上に、金剛ということが成り立つはずがない。いかなる主観にもおかされん。いかなる思想にもおかされん。それも一つの思想には違いないけど、主観じゃない。主観を破ったその根底から生まれたような思想ですね。そこから人が生まれてくるんです。

そういう深い根底から生まれたような思想は、やっぱり言葉というようなものですから、一つのロゴスです。いってみればロゴスに感動すれば、ロゴスから人が生まれてくる。そうしてまた人を生んでいく。こういうようなものですね。特に現代のような複雑な世界になると、そういう根源的な超越ですね。誰かがあっておこすような元気でなくて、あらゆるものがそれから生まれてくると。仏教では大地と、大地という名前も菩提心の譬喩なんですけどね。菩提心から菩提が生まれてくる。菩提を得た人が生まれてくる。つまり如来が生まれてくる。如来から生まれるんじゃなしに、如来が生まれてくる。凡夫もそれに入れば、その凡夫というのも、菩薩というのも、如来というのも、菩提心の道程の上に立てられた名前なんです。そんなものが別にあるわけじゃないんだ。まあ凡夫も、菩薩も、仏も、広い言葉でいえば、修道的人間なんです。覚存としての人間なんです。そういうものを生み出す大地となるような一つの原理ですね。それが大事なことですね。

これは誰も根底にもってるものなんです。特別な人にあるものじゃないんであって、誰かをえらばん。かえって一つの底にこえるというものです。底に超越するという意味で、横超というんでしょう。宿業の身というものも色々そこにいうかも知らんけども、今いったように根源というものですね。根源からものを見てくれば、宿業というものに障《さ》えられん。その時にですね、ちょっと簡単にいえんけども、汝というような言葉が出てくるでしょう。根源の中に見出された身ですね。それを汝というのだと、これはセリーヌという人の言葉ですけど、これも一つ忘れることのできん言葉です。感動を呼びおこす言葉で、わかったというわけではないけども、キリスト教の思想でいえば神ですね。まあ仏教では神というような言葉は使わんですけども、「神の中に見出された自然」、その自然は仏教の言葉でいえば業道《ごうどう》自然《じねん》でしょう。つまり宿業の身でしょう。神の中に見出された根源的な祈りの中に見出されたですね。汝ということは、根源を忘れた者を根源に呼びかえす、そういう御言《みこと》にたまわる自覚です。ロゴスにたまわる自覚ですね。そういうところに、思想とか、教学とかいう場合の基礎というものがある。論理で組み立てるようなものじゃないんですよ。

根底をもたん思想からは人間は生まれてこないんです。ただ、教養豊かな人が生まれてくるだけですね。教養があるないにかかわらんのですわ。罪悪深重《ざいあくじんじゅう》とか、煩悩熾盛《ぼんのうしじょう》とかいうことは教養よりはむしろ野性でしょう。そこに何か個人というものをこえた、個人主観をこえて、「共発」ですから、万人の根底に横たわっているものですね。人間の根底に横たわっているものですよ。そういうものが、人間を破って名告《なの》りをあげてくるというのが、無上菩提心というものです。

こんなことをお話してみたかったんですがね。説明が充分ではなかったかも知らんけど、今夜は、この位にしておきましょう。

（一九七七・十・四　伝道講究所特別講義）

「化身土巻」講義

法の三願、機の三願

今回は皆さん、「化身土巻」を勉強しておられると聞きましたけど、初めに「至心発願《ししんほつがん》の願」と「至心回向《ししんえこう》の願」という、十九願と二十願の願の名前が掲げてあります。その下に「邪定《じゃじょう》聚機《じゅのき》　双樹林下往生《そうじゅりんげおうじょう》」、「不定聚機《ふじょうじゅのき》　難思往生《なんしおうじょう》」とあり、さらに「無量寿仏観経《むりょうじゅぶつかんぎょう》の意《こころ》」、「阿弥陀経《あみだきょう》の意《こころ》なり」と、こういうように註が入っております。

この二願の名前は、この二願だけあるわけでなくて、それに先立って「至心信楽《ししんしんぎょう》の願」というものがあるわけです。これは、「正定聚《しょうじょうじゅ》の機《き》　難思議往生《なんしぎおうじょう》」と、こういわれておる。三願というものが組織をもっておるわけです。『大無量寿経』のもとにかえってみれば、そこに三願というものが並んで出ています。それに十方衆生という言葉が、この三願を通して出ています。十方衆生を機として立てられた願です。

まあ、機という言葉が非常に面倒な言葉ですね、正定聚の機・邪定聚の機・不定聚の機と、こういうように機という字が使われていますけれど、それに先立つ十方衆生そのものが機なんでしょう。それは「行巻」の最後に「選択本願」の機として「一切善悪の凡夫人」と、こういう言葉が出ています。すべて「選択本願《せんじゃくほんがん》」、行の願も、信の願もですね、証の願も、真仏土の願もすべて四十八願というものが何を機とするかといえば、一切善悪凡夫人を機として四十八願というものが立てられておると。機という字も広くいえば、衆生そのものが機ですわね。機という概念が非常に面倒な概念です。

考えてみるというと、十方衆生に呼びかける願に先立って、十七願というものがあるんですね。それは諸仏に対して立てられた願、十方諸仏の願、十方諸仏に称讃《しょうさん》されるとこういう。それからそれより前には十二・十三願というものが出ておるですね。十二・十三願は仏身を成就する願だけれども、同時に仏身・仏土ですね、それを成就する願だと。それから、今度は十方諸仏に対しては、わが名を称讃されんと。浄土から今度は名というものが出てきたですね。

こういうふうに、十二・十三願を受けて、名号を称讃すると。機という概念も非常に面倒だけど、そういうのが法の願といえるかもしれませんね。最後は名号になるけれども、背景に浄土とか、仏とか、三願ですね、法の三願というようなことがあるわけです。それに対して「至心信楽」、「至心発願」、「至心回向」という、これは機の三願ということができるわけですね。機についても、やっぱり一切善悪凡夫人が「選択本願の機」だといえば、これは非常に広い、つまりいってみれば人間を機とするわけですね。人間を機として仏の世界というものが立てられる。だから、一切善悪の凡夫人の機を正定聚の機にするために、「至心信楽の願」というものがあるんでしょう。

まあ、いってみれば「至心信楽の願」は正定聚の機といって、仏に決定する身となるという意味で即位でしょうね。即位すると。一切善悪の凡夫を即位させると、こういう意味で位に就くという意味が「至心信楽の願」にあるわけです。

で、「至心信楽の願」というものだけが突然出てくるわけじゃない。その前にやっぱり「至心発願」とか、「至心回向」というものがあって、それが機の概念の中にも、やっぱり機が機を成熟させると。機が熟したというんであって、機が熟するというような過程が三願になっておるんでしょうね、機を成熟させると。機にも、そういうような広い意味と、狭い意味というようなことがあるんですね。

偈文と問答

この『教行信証』を通して、「化身土巻」を読んでみますというと、ここへまず十九願から始まるんですけれども、それを読んでいくというと、今度は問答が出てくるでしょう。「問う。『大本』の三心《さんしん》と、『観経』の三心《さんじん》と、一異いかん」という。これは十九願の問題ですね。それから続いて、今度はこういう三心の一異ということですね。「至心・信楽・欲生」の三心と、『観無量寿経』の「至誠心《しじょうしん》・深心《じんしん》・回向発願心《えこうほつがんしん》」が同じかどうかという問題です。

それから、今度は三心に対して一心という問題が出とるのが『阿弥陀経』です。それについても、また問答が出ていますね。十九願や、二十願の精神というものをあらわすと共に、そういう問答というものが入ってくるんですね。『教行信証』の上で、こういうところに着眼してみると、表面からみれば「教・行・信・証・真仏土・化身土」というような形で出ておるんですけど、もう一歩つっこんでみるというと、すぐに皆さん気がつかれるように「信巻」のところには別序というものがついていますね。総序に対して別序。あるいは前序に対して後序というんですけどね。というような関係で前後の序文のほかに、まん中に別序というのがおかれているんですね。これは非常に注意せねばならんことですね。

経典からいうと、そこに三経一論《さんぎょういちろん》ということがあるわけです。三経一論、特に『大無量寿経』の本願の三心に対して、『浄土論』の一心というものが三心一心と、こういうことが出ておる。そこに、やっぱり問答というものが出るんです、「信巻」にはですね。「行巻」には問答はない。「信巻」にくると問答が出てくる。その問答のために、特に別序というものがつけられたと思うんですね。

そして、今度はそれと合わせて考えられるのが「行巻」です。「行巻」はどうかというと、

「行巻」の終わりには『正信偈』というものがついてますね。だからして、偈文と問答と、そういうような組織が見えるわけです。『教行信証』の教学の内容が偈文と問答です。表面からみればただ「教・行・信・証・真仏土・化身土」ですけれども、さらに一歩つっこんで、その組織からみれば、問答の巻と、偈文の巻という具合に二つになっている。二つが総・別の関係でしょう。こういう構造になってますね。

で、これはどこからくるかといえば、やっぱり『浄土論』からくるんだろうと思います。皆さん知っとられるように『浄土論』とか、『往生論』とかいうのは『論註』によってつけられた名前で、『浄土論』自身がそういう名前を語っているわけじゃないです。その二つの名前も『論註』がつけたというけれども、つけ方がおもしろいんですね。往生ということと、浄土と。浄土と、および浄土に往生する行ですわ。浄土そのものも往生浄土論からきとるわけですね。

天親菩薩の『浄土論』の本来の名前は『無量寿経優婆提舎願生偈』と、こういうのが本来の名前ですね。そこに『浄土論』をみるというと、初めは『願生偈』というんですから、偈文があるんですけれども、さらにその偈文を解釈してあるんですね。『浄土論』は偈文とその解釈ということになるわけです。

だから、解釈を受けて、そこに五念門というのがあって、これは浄土の行です。つまり浄土の行という点から『往生論』という名が出てくるでしょう。偈文の方は「観彼世界相《かんぴせかいそう》　勝過《しょうが》三界道《さんがいどう》」というんですから、三種の荘厳功徳で成就された浄土が語られておるわけです。これが一心の内容ですわね。一心の世界です。だから、その一心が胸の中の一心じゃないんです。世界を包んでる。それだから、広大無碍の一心と。我々がいただく信心も、我々をこえておるんです。だから、これは広大無碍の一心を述べた偈文であると。だから偈文の方からいえば『浄土論』でしょう。解釈からいえば『往生論』という。名前がついていても、その『浄土論』の構造にもとづいた名前ですわね。

これは、『観経』にうつしてみるというと、『観経』の話はこの方便化身土の問題ですけれども、韋提希夫人《いだいけぶにん》の発心ですね。韋提希夫人の発心として「我今楽生《がこんぎょうしょう》　極楽世界　阿弥陀仏所」と、こういうことが出るでしょう。方向がわからなかったのが、初めて方向がついた。阿弥陀仏の浄土に生まれたいと、こういうふうに願生心というものがそこで表白されておるんです。

つづいて、「教我思惟《きょうがしゆい》　教我正受《きょうがしょうじゅ》」ということが出とるですわね。これが行でしょう。浄土とその行だ。『観経』でもそういう構造になっておる。こういうようなことも、また後でお話しますけどもね。

信仰告白の偈文『願生偈』

そこに、優婆提舎という字がですね、『無量寿経優婆提舎願生偈』と、こういわれる。つまり「優婆提舎なる願生偈」です。ただの偈文ではないですね。優婆提舎という意義をもったような偈文だと。こういうことが注意されなければならんですわね。やっぱり『教行信証』というものも偈文の方が『正信偈』というものでしょう。

優婆提舎というところから、やっぱり問答が出るんだろうと思うんです。『願生偈』でも解義分にくると、そこに問答がいちいち展開されておるんですね。だから、『教行信証』の構造も偈文と問答ということは、『優婆提舎願生偈』にもとづいていると。『願生偈』の偈の方が『正信偈』なんで、優婆提舎の方が問答を引きおこしてくる。こういうようなことですね。

インドの論は、これは一つの経典文学という問題になるんですけれど、この龍樹の『中論《ちゅうろん》』とか、天親菩薩の『唯識論《ゆいしきろん》』とかを見ると、『三十唯識論』というものは偈文だけです。龍樹の『中論』もそうや。『二十唯識論』になるというと、偈文と解釈が入ってくる。偈文と解釈があるけど、どちらが主になるかというと、偈文が主なんだ。解釈はある場合もあるし、ない場合もある。こういうような意味があるんです。

つまり、偈文と解釈と二つ寄せて論が成り立つんじゃない。偈文がだいたい論の体なんです。

論体は偈文にあるわけですね。天親菩薩でも、偈文には我という字が注意して四ヵ所もおいてあるんですね。「我一心《がいっしん》」とか、「我依修多羅《がえしゅたら》」とか、「故我願生彼《こががんしょうひ》　阿弥陀仏国」とか、「我《が》作論説偈《さろんせつげ》」とか、こういうように我という字が非常に大事な点に配ってありますね。

解義《げぎ》分にくるというと、我という字はまったく消えてしまう。我という字は出てこない。善《ぜん》男子善女人《なんしぜんにょにん》とかですね、五念門《ごねんもん》に入らなければ善男子善女人です。出てくると菩薩という名前で出てきますね。こういうように全然、我という字がない。まあ、いってみれば普遍的な意味になるわけです。だからして、解義分は我だけでなしに我に代表されるような一般の衆生の問題に移ってくるわけですね。十方衆生ということもそうなんでしょう。自分は十方衆生の一人であるという意味もあるけれども、十方衆生の一人であるという意味と同時に、また十方衆生を代表するという意味があるわけです。二つの意味があるわけですよ。

だから、我を述べた言葉が偈文なんです。『願生偈』なんです。我を述べた文章というのが、これが表白ということでしょう。告白だ。信仰告白だ。その意義をもったのが『願生偈』です。信仰の表白とか、告白だ。ベケントニス（Bekentnis）ということが、そういう意味をもったのが『願生偈』だ。我を述べた言葉です。だから、それに尽きとるわけです。解義分の方はそうではない。我に代表されている一般衆生のために、というような。我に対しては他になるわけでしょうね。

天親菩薩の一心

これは、後で信心というような問題が、皆さん知っとられるように二種深信《にしゅじんしん》というようなことで出てくるんです。天親菩薩の一心といわれているんだけど、やっぱり天親菩薩の一心の構造が二種深信と、こういうようなことが『観経』で出てきます。

何といいますか、天親菩薩と善導大師をバラバラにみれば、バラバラですけども、それらが結合してくるんです。そういうのが、広い意味で精神史というものでしょう。いってみれば、曇鸞大師がなければ龍樹菩薩と『浄土論』との関係はわからんです。龍樹は龍樹、天親は天親と。曇鸞は龍樹学派の人ですわね。天親学派の人でない。だからして龍樹学派の立場に立って、「謹んで龍樹菩薩の『十住毘婆沙《じゅうじゅうびばしゃ》』を案ずるに」と、こういってあるように龍樹学派の立場に立って、龍樹学派でない天親の論を釈している。

つまり龍樹学派は般若ですわね。それに対して、天親菩薩の学派は瑜伽《ゆが》です。だから、『浄土論』みたいなものも、我々は『大無量寿経』の論としてみるんだけど、一面からみれば瑜伽の論でしょう。「観彼世界相」、「観仏本願力」、観という字が瑜伽です。瑜伽論なんですね。何かそこに、学派は違うけどそれらのものが結びついてくるんですね。

そんなもので、一心を述べた『浄土論』というものと。それから今度は天親・善導ということなると、これは全然違うんですけども、それらがやっぱり結びついてくる。これは精神というものの歩みですね。これは非常におもしろいことですけれど、これは日本ばかりではない、ヨーロッパの歴史でもそうです。これは清沢満之が使われた言葉ですけれども、精神という言葉がほんとうに魂となっているのがドイツですね。そうでしょう。ドイツ人にとって、ガイスト（Geist）という言葉は魂に匹敵するんだ。だから『精神現象学』というような論もありますね。

文化史といわずに、精神史という言葉があるでしょう。これは非常にギリシアとは違うわけです。ギリシアもなかなか複雑ですけれども、しかし、いってみればイデア（Idea）という言葉は、アリストテレスが批判したように好まれなかった。プラトン自身もイデアという言葉は後では使いません。形相《けいそう》と、こう訳すんです。エイドス、形相というのがいいんでしょう。形だね。形というものがギリシア人の文化を代表するものです。形のないものは混沌《こんとん》や、カオスだ。形というものに対する……。

だから、ものの概念について明晰にしてかつ判明ということを要求するんです。概念というものはものの定義です。そういうものを問題にするのは、やっぱり概念ですわね。概念語です。その場合には、明晰・判明ということが要求される。明晰も、判明も翻訳すればあまり変わった言葉ではないですね。明晰というのも、判明というのも似たような言葉というだけで、原語の区別はわからんわね。だけど、クラール　ウント　ドイトリッヒ（klar und deutlich）といえば、はっきり明晰と判明とが区別されておるわね。クラール、明るいんだ。そして明るい光に照らして木目《きめ》のこまやかな形が見出せる。それが判明なんでしょう。

インドでもそうなんでしょう。こういうのが、印欧語、印欧文化の特色なんでしょう。このインドの哲学で、仏教ではダルマという字を使います。それから、数論《すろん》の哲学では、諦です。四聖諦の諦だわね。それから、ヴァイシェイシカ（vaiśeṣika・勝論《かつろん》）というものになるというと句義、句と義、パーダ・アルトハー（pade-artha）というんですけど、これらはみな一つの広い意味の概念語ですわね。

ものじゃないんです。十八界というけど、十八のものがあるわけじゃないです。ものの界が十八あるという意味であって、ものは千差万別でしょう。だから、ディング（Ding）という概念と違う。一切のものというけれども、ものは無数にあっても、ものをしてものたらしめる法は無数じゃない。十八という具合になるでしょう。

つまり、いってみれば法という字を使えば、何かそこに一般者をあらわしておるんです。それから一般者が出てきた世界をあらわすのがコスモスだ。宇宙というのは文学的表現でしょう。コスモスというね。これはやっぱり混沌としとらん。象《かたど》られた世界。こういうものが、みんな共通した特色だと思うんです。

自身を信知する

ところが、それが中世というものをくぐってくると、暗いですわね。これは善導大師に「信知する」という言葉があります。自身を信知すると。だけど中世の問題はやっぱりそれなんだ。知らんがために信ずるのか、信じるがために知るのか。信と知との矛盾に悪戦苦闘しておるんです。暗いんです。

でも、どんな問題でも悪戦苦闘することによって、ものがうろうろしておったと、悪口をいえばスコラ（schola）というんですけどね。ただ精神を固定して考えれば悪口になるけれども、同時に精神というものの歩みとしてみれば、どんな問題でもそれを悩み抜くということが、非常に積極的な意義をもってくるんでないかと思う。

中世という時代は、日本でも、ヨーロッパでも暗い時代だといいますけど、同時に深めた時代ですね。暗いという字は何か消極的にはまごまごしとったという意味になりますけれども、積極的には深めたという意味が出てくる。初めから迷わずにさとったんじゃない。迷わずにさとったということになると、そのさとりというものは深まっとらんと思いますね。疑わずに信じたとかね、こうではない。やっぱり疑い抜いて、疑いをくぐって信が出てくる時に、信というものが自覚的になってくる。初めから真受けにするといったって、その信は自覚的にならん。

そういうような積極的な意義というものがあると思います。

だからそれを通していうとですね、エイドスがガイストに深まった。ギリシア人はエイドスといっとったものが、ドイツ人になればガイストとなる。非常に深まりをもった概念になるでしょう。エイドスはエイドスでただ簡単に紹介されて受け取ったというのなら、精神史・思想史にならんのですよ。ただ受け取るんではね。自分の問題とするという時に初めて思想史になるんです。だから、我々はサンスクリットとか、ギリシア語とか、別にそういうものを知るのはインド人にならんと仏教がわからんというものでもないし、ギリシア人にならんと哲学がわからんというものでもないと思うんですよ。日本人として哲学するとか、日本人として仏道を明らかにすると、こういう場合になると日本人自身の問題になるでしょう。日本人自身を深める意味になる。別にインド人になったり、ヨーロッパ人になるわけじゃない。これらのことは、言葉の問題に関連しますけれど、やっぱり日本人の使命は、日本の思想をですね。

言葉というものは、思想と深い関係があって、思想の結果でもあるんですけどね。しかし、思想の原因でもあるわけです。言葉で我々は思想するんです。原因になるわけです。言葉を離れては思想してみようもない。しかし、その思想したことを言葉であらわすことによって確かめるわけです。思想が完成したというんですね。言葉になるまでは、思想は完成せんのです。だから、その完成したのが言葉であり、結果ですね。けれど、その結果はかえって根拠になるわけです。思想の根拠になる。

これは、何かおもしろいことがあってね。果というのはどういう意味かと。果とは何ぞやと。それは因を成就するという意味だと。因を成就するというのが果という意味だ。因果ということをよくいうでしょう。衆生についても、仏についてもいうでしょう。因位の本願、本願成就の果です。名というのは因位の名であって、号というのは果上の名であると、こういうようにね。

この言葉は、陳那《じんな》論師の言葉ですけどね。これは論理学を改革した人です。陳那以後の論理学は新因明《しんいんみょう》というんです。論理学の改革者です。と同時にこれが瑜伽の非常に大事な論家なんです。天親よりも後に出た人ですけれどもね。

本願を内観する

まあ精神という言葉は、これは清沢先生が使われて『精神界』と、こういう雑誌の名前にもなっています。しかし実は精神界というものは浄土が精神界です。安楽浄土が精神界です。それで奢摩他《しゃまた》・毘婆舎那《びばしゃな》というんです。これは中国にないから、奢摩他・毘婆舎那という言葉も翻訳されずに音訳しとるわけです。無理に翻訳すると誤解されるから、それで原文のまま中国にそれを受け入れる。

みんな言語というものは、論理的なものではないんであって、言語にはやっぱり風土ということがあって、全然、言語種族というものが違うんですよ、漢語とか、梵語はね。で、比較ということはできない。対照はできるけど、言語種族が同じでないと比較することはできないです。そういう種族というんだけど、広い言葉でいえば風土でしょう。風土というものが加わるんです。

それで止観と翻訳するけど、曇鸞大師は止という字は散乱をとどめるんだと解釈している。そういう意味もあるけど、散乱をとどめて静寂にすると、外に向いておった心を転じて内に向かわしめると。だから内観といった方がはっきりするわけですよ。やめるということでなしに内観という言葉が非常にですね……、内観という言葉がつまり因から果にいくんではなしに、果から因にいくのが内観というんです。果に立って、果というのは内観する立場です。何もないところから観ずるということはない。何もなくして観ずれば、それは外観になってしまう。内観する立場をまず我々は求めんならん。たとえてみたら、一心というものがなければ内観することはできない。一心は成就されたものでしょう。本願成就の一心です。一心に立って本願を内観することはできる。それでないというと内観するということはできんでしょう。

つまりいってみれば、内観ということは従果向因《じゅうかこういん》なんだ。従因向果《じゅういんこうか》じゃない。従果向因の道なんだ。こういうことが、これから考えていかねばならんですけどね。

『観無量寿経』は譬喩経

それから、優婆提舎ということも翻訳すれば、論議という意味ですね。論議経と。『観無量寿経』は譬喩経と。「広説衆譬《こうせつしゅひ》」と、そこにおもしろい対応ができてますね。『観無量寿経』は譬喩経でしょう。だから、譬喩経である『観経』を読んで、善導は二河白道《にがびゃくどう》の譬喩というものを作った。

これも考えていかんならんけど、譬喩という概念が、これが面倒な概念なんです。何かというとね。プラトンでも、何でも面倒な問題が出てくると譬喩を出すんです。先日、九州の木屋君のところで、藤代君が曽我先生からもらった文章を石に彫って、いってみれば曽我先生の一つの聖地ができたんです。その碑文を記念に刷ったのをもらいましたが、「おおよそ」というところから始まっている。

その「おおよそ」というものは、これは大前提をあらわしている概念です。ちょっとわからんでしょう。「おおよそ」というのは。その次に譬喩が出てくるんです。だから、譬喩という概念が論理学にも関係しているんです。大前提は譬喩であらわす。譬喩というものを用いる。おおよそ生まれたものは死ぬ、といってもどうもわからん。そこに譬喩を必要とするわけです。

これは、皆さん知っておられるように、アリストテレスの論理と、因明《いんみょう》の論理とは順序が逆ですね。アリストテレスでは結論というものが最後に出るけれども、因明では結論を先にかかげるんです。ソクラテスは、死ぬとこういうんです。なぜなら生まれただろうと。それが小前提だ。大前提は、おおよそ生まれたものは死ぬ、これが大前提でしょう。逆になるわけです。まあ、そういう譬喩の問題ということもある。

譬喩に対して論議という、これも翻訳すれば、論議という字は、論争することになりますね。論争するというのはどういうのかというと、人に勝つために議論するんです。人に勝つために、勝つか負けるかという動機で論理を使うわけです。そういうのを諍論《じょうろん》というんです。これは、無記・無利・無益のものだといわれていますね。親鸞は『愚禿鈔《ぐとくしょう》』でそういっています。

無利益という意味なんだけど、親鸞はそれを非常にていねいに無利・無益というわけですね。無利である。つまり何も生産しないと、こういう意味の論議だ。何も生産しない、まったく無駄な、何もしないどころでない、人間を正道からはずしてしまう。かえって人間に害を与えると。こういうような、だから諍論には近づくべからずと、諍論が出たらかえって負けた方がいい、勝つ必要はないと。だから相手をやっつけるというような、そういうのが諍論です。これは、インドでは非常に盛んだったんです。

中国人はそういうことをあまりいわんのじゃないかね。こないだ華国鋒《かこくほう》がきても、議論なんてことはいわんわね。漢民族の特色はきわめて実際的だ。ああいえばこういう、こういえばああいうというのはインド人とギリシア人です。ギリシア人はソフィストという。それが正しい思想家よりも論理は巧妙なんだ。かえって正しい思想というのを乱そうとする、そういう論理の方が鋭いんです。そのためにやむをえず論理というものが出てくるんじゃないかと思います。論理というのは、ギリシアでも哲学ではないですね。仏教でも因明学というのは仏教学ではない。ギリシアでいえば、論理学というのは入門した学生の勉強なんです。啓蒙の学問です。つまり予科の学問なんです。大学の学問じゃない。大学の学問は論理といわずに理論というわけです。テオリー（Theorie）というのが、これが哲学なんです、テオリア（theoria）ということが。そのテオリアのことをインドでは法相学《ほっそうがく》というんです。あるいは教相学とかね。

機の深信

だからして、優婆提舎というのは、おもしろいのは、相手をやっつけて勝ったということとの場合には、涅槃がこないんです、ニルバーナ（nirvāṇa）が。安楽浄土の安楽ということはニルバーナの形容詞です。これがこないんです。つまり、ニルバーナが解脱ですから。解脱・涅槃という、勝っても、解脱がこないんです。だから、勝ったら、負けたやつが消えるんじゃない。内向するわけです。目下のところしかたなく負けたんだ。機会があれば、また復讐《ふくしゅう》しようと構えている。だから、枕を高くして寝るわけにはいかん。いつ復讐されるかわからん。議論に勝っても、なかなか眠れんのですよ。

こういうような問題は、否定というような問題にも関係する。自己否定ね。弁証法でも何でも否定ということがある。これがなかなか面倒なんで、つまりいってみれば、無ですけれども、この否定ということが不徹底なら、弁証法というようなことをいってみても、ショウペンハウエルがいったように大道芸人にすぎんでしょう。やってみても芸当なんだ。それは何かというと、否定が徹底せんからです。否定してみてもすぐ総合してみるんです。取りあげてみるというと、否定判断というのが非常に面倒な問題です。これも、まあ我々の研究問題になるんですけど、どこまでいったら否定になるかということが非常に面倒なことですね。闇の中で闇を破ろうとしても破ること自身が闇なんだから、闇を否定できない。闇というものは破ると、破闇《はあん》というんですけど、破るべきものだけど、破るといっても暴力で破るわけではない。破ってみても破れんのは、それは闇ではない。真理だ。

だから、本当の闇というものは暴力を必要とせんのです。つまり、いってみれば言葉は変だけど、満足して消えるのが闇だ。そういう否定が大事なんでしょう。これは弁証法では出てこん。満足して消えるんだ。いまいましいけれどしかたがないという消え方はせんです。それは消えたんでも何でもない。雪隠詰《せっちんづめ》です。そうでしょう。雪隠詰は暗い心だ。消えるということはあるけど、明るい消え方というのはないんです。それが真理に触れてそうなる。真理を見たというところまで徹底しなければ否定は成り立たんです。真理を見ないまでの否定は否定にはならん。そういう問題があります。

まあ、機の深信というような問題も、そこらを押さえて、そういうところへいくわけです。

本願成就の一心

この優婆提舎というのは論議なんだけれども、さっきいいましたように、ただいたずらに議論のための議論でない。つまり問題を明らかにするという方法です。

この「信巻」に『浄土論』の一心を受けて、天親菩薩が一心といわれたのは、本願を一心としていただくという、本願が成就したのが一心ですね。だから、信心を受け取るのは、いわゆる「選択本願」の機である凡愚《ぼんぐ》がいただくわけです。凡愚がさとりをいただく方法が信なんです。さとりは証でしょう。凡愚が証をいただく方法が信だ。信は聞からおこるわけです。証を証のままで与えるわけにはいかない。証を信という形で与える。というのは、与えられるものが凡愚であるからですね、だから愚鈍の衆生のためにという立場で一心といわれたんだと。つまり、「愚鈍《ぐどん》の衆生、解了《げりょう》易《やす》からしめんがために」、天親菩薩は一心といわれたのだろうと、こういう具合に親鸞はいっているんです。本願そのものも愚鈍の衆生のためじゃないかと。天親菩薩が一心と受け取った法は、たぶんそうだろうといえるかと、こういって、こうおいてあるのは疑問じゃない。確かにそうだろうと、こういう意味なんです。一心といえるかと、こういっとるのはたぶんそうだろうと、こういう具合にですね。愚鈍の衆生の立場は親鸞も天親も同じ意味ですから、たぶんそうだろうと、こうはっきり疑問の言葉、「歟《か》」という疑問の形で深い確信をあらわしているわけです。

しかし、さらに根源にさかのぼれば、本願そのものが今いったように愚鈍の衆生を機として立てられたものじゃないかと。では、なぜ本願は三心をおこしたんかと。本願をおこされたんかと。天親菩薩が一心として受け取るのはわかるけど。愚鈍の衆生のためだと、愚鈍の衆生として、一心として受け取ったんだ。だけど、本願そのものはなぜ三心をおこしたんかと。こういう時にすぐこれはこうだとこたえずに、「仏《ぶつ》意《い》測《はか》り難《がた》し」と。仏がなぜおこしたかということは仏でないとわからん。それはわからんと。こういうことです。わからんでしまってしまったら、問答にならんでしょう。だから、「しかりといえども」と、こういうふうにすぐ転じていくわけです。「この心を推するに」という言葉が出てくる。推すということが、果から因を推すことです。

この心は何かといえば一心です。一心がなければ、今いったように推す立場がない。果から因を推すわけです。本願成就の一心が果です。その果に立って、その願を推すわけです。願は信心の果じゃない。信心の因でしょう。こういうように従果向因の方法というものが、心が心自身の内を観ずるんです。こういうようになっとる。

広大無碍の一心と、こういうんだけど、浄土です。だから、浄土が清浄であるのは単に浄土が清浄でない。浄土の因である願が清浄なんだ。こういうですね、広大無碍の一心がその一心に開かれた浄土を内観していくわけです。浄土が清浄ということは、実は浄土が清浄ということをあらわそうとするんでない。因が清浄だということをあらわそうとする。それを浄入願心という言葉ですね、浄は願心に入ると。浄土の浄は因位の願をあらわすんだと、清浄願心です。そういうふうになっとるのが優婆提舎というものだろうと思いますね。

資本主義に耐えられない現代

その優婆提舎をあらわすのが問答なんであって、これは問答をもっといえば対話なんですけど、だから対話の場合、先生と生徒では対話するわけにはいかん。だから、そういう場合がさっきいった論理学なんでしょう。啓蒙という概念。論理というものはこれは外道にも通ずるし、仏道にも通ずるんです。こういうのが論理というものです。

だから、むちゃくちゃいったって話にならん。やっぱり、むちゃくちゃというか、わからんことといっても意味をなさんと思うんです。わからんものをわからせるようにするということが意味があるんですね。だからそういう時に、禅問答とは別ですね。禅宗の問答というのとはね。

ああいう場合、普通の意味の問答でないですわね。

だから、対話といっても、先生と生徒ではどうも対話できんと思うんです。やっぱり先生自身が自己を否定して、生徒と同じ立場に立つというところで初めて対話になる。生徒というのは、つまり学生になるんです。学生同志が平等の立場でないと対話できない。上と下とがあったんでは、上と下の場合は教えをうけるんです。その教えをうけずに対話するわけではないけれども、その教えというものを通して、今度は自分の問題を明らかにする。こういう時に対話と。だからして問答というのはただ漫談しておることではないですね。話ではないですね。話することは問答ではない。問題を明らかにする形にするのが問答なんです。

よく仏教の話とか、真宗の話というのが出るのは、あれはつまりいってみれば、ああなってしまったら何の意味もなさん。あれは問題を明らかにせん、漫談にしてしまうのです。ああいうのが今の仏教の教養なんです。教養の学問というのはそんなものです。一服するだけの話だ。

何といいますかね、二河譬喩《にがのひゆ》でいうと、東から西に向かうのが宗教心の方向ですけれども、それが行けんということになると、今度は南北に避け走らんと、こういうように出ておるでしょう。あれがつまり漫談です。もっといえば観光なんです。日本の現代というものは資本主義のマーケットに耐えきれんから、みんな観光に行くんです。もうけた金でね。観光に行くということは、おれんのだ。資本主義の社会におれば人間がなくなる。そこであそこで一服しようと。それが観光の本質です。

だから、観光旅行というのが現代の実相なんです。だけど、裏にはあそこに西から東に突破せんならん道が迫っとるんです。頭に火がついとるんです。だから、観光というのは頭に火がついとるのを忘れて観光しとるわけです。頭に火がついているんです。宗教にいちばん近い時代だ、現代は。そうでしょう。それが正反対の観光という形であるのが現状なんです。観光となるのは、自己の問題がなくなるからです。

風土と宗教

そこに、譬喩経に対して論議経という、これは皆さん知っておられるように、仏教の広い意味の修多羅《しゅたら》は十二部経とこういいまして、その十二部経の中にまた修多羅があるんですけど、修多羅というのは広い意味と、狭い意味とがある。だからして譬喩は譬喩経、論議は論議経なんです。修多羅の名前なんですね。文学の様式の違いなんです。

まあ、譬喩の問題はまた後で、これこそ「化身土巻」の問題になるかもしれませんね。論議経というよりも譬喩経。これは『観無量寿経』に出てきますけど、しかしこれはもっといえば、これは三経・三願ということも出てきますわね。願は無碍光如来《むげこうにょらい》の願ですし、それから修多羅は釈迦牟尼仏《しゃかむにぶつ》の教説ですね。だからして『浄土論』には世尊と、こういってあるんです。ああいう、やっぱり二尊ということが……、「行巻」以下はやっぱり願の名前が出ておる。「教巻」には願の名前はない。『大無量寿経』という経典の名前がかかげてある。やっぱり二尊ということが……。まあ、経というのは「往け」という意味なんでしょう。善導の解釈の往けというのが経典の意味だ。「来たれ」というのが願なんですわね。

まあ、そこらがちょっとキリスト教と違っておってね、キリスト自身は来たれというでしょう。そういうところに、仏教の方が論理的という意味ではないでしょうね。それはさっきいった風土の違いですね。だから、仏教の方が上だとか、そういうことをいってはならんと思うんです。それから、東京のインド哲学なんかの人は、宇井《うい》（伯寿《はくじゅ》）さんでも、中村《なかむら》（元《はじめ》）さんでもいうのは、仏教は合理的だと、こういうようなことで仏教を自慢するけれども、ああいうのは僕は非常に間違った考えだと思うんです。あれはインド学的仏教学だ。インド学としての仏教、仏教についての研究、学問だ。インド学の立場から仏教を研究する。そうでない。我々の『教行信証』の教学というのは教という字をつけるから教学というんです。これは仏になる学問でしょう。あんたがたでも、お互いにこういう具合に勉強しておられるのは仏になる学問だ。仏を説明する学問じゃない。

これは、僕は風土というものの違いで、イスラエルとか、シナイ半島とか、ああいうようなところは、砂漠なんですけど、アフリカの砂漠と違って、あそこらの砂漠は荒野というんです。

荒れ野やね、もう全然風土が……。ヨルダンの川というから、何かそこで湯あみでもできるかというとそうではない。入れんのですわ、死海でも。地中海より低いんだから。人間のおれん場所なんです、ヨルダンというところはね。

そういう荒野の宗教ですから、だからしてあそこらで宗教心が出る時にはね、ああいうきびしい形を取らざるをえないんです。それは今でもキリスト教なんかをみても、日本のキリスト教より、朝鮮のキリスト教の方が非常にきびしい。朴《パク》（正熙《チョンヒ》）政権に反対するのは、みんなクリスチャンですね。戦闘の教会だ、朝鮮のキリスト教というのは。日本のようなキリスト教の教会と違うわね。ああいう、おかれている場所がね、ああいう形を取らせるんですわ。

だから、ああいう形でないと宗教が出ないんです。そこらを考えなければいけないですね。合理的だということではないんです。ただそういう法に遇うことができたということがいえるだけだ。それは何かというと、法を立てるでしょう。神を立てるんでないわね。神というものは背いたものを罰するんです。法は背いたものを罰しないんです。いたむんですわ。

正道の大慈悲

だから、これから皆さん勉強されるんでも、大悲ということをですね、これが非常に大事な概念ですわね。『浄土論』の中に「正道大慈悲《しょうどうだいじひ》　出世善根生《しゅっせぜんごんしょう》」というのがあるでしょう。あそこに、『論註』は色々な解釈を加えているけれど、まあ言葉どおりにとればあれはちょっと読みにくい論ですね。「正道の大慈悲は、出世の善根より生ず」と。そして、浄土はその出世の善根から生まれたんだと。こういう二つの文章が一つになっている。だからして、出世善根が正道の大慈悲だと。だから、無理して読めば浄土という主語を略したんだ。これは初めからわかっているから、浄土という主語を略したんだ。浄土が主語なんだ。正道の大慈悲が主語ではない。正道の大慈悲の主語は善根ですわね。

だから、「正道の大慈悲は、出世の善根なるより生ず」と、無理をして読めばそういう日本語になってしまう。正道の大慈悲は出世の善根なり、それから浄土は生ずと。こういう二つの文章が一緒になってますね。そういう読みにくい文です。だから、大慈悲心というのが、これが浄土の根だと。大慈悲心によって建立された国が浄土であると、こういう意味ですね。非常に大事な概念です、大慈悲というのはね。

フィンランドの神学者があって、これは名著です。『キリスト教における愛』という本を書いた人ですけど、それがギリシアでは愛はエロス（Erōs）というんですけど、エロスでも日本語に翻訳すれば、日本語のエロとは違うんだ。エロスとはイデアに対する愛と、こういうですね。つまり真理が役立つから真理を研究するんでない。役立つ、役立たんということをこえて、真理を真理自身として愛すると。これが学問の愛ですわね。

それを知れば、結果として利益を得られる、そのために研究するんでない。そういうものは学にならん。そういうものは術になるわけでしょう、算術に。数学にはならん。だからして、真理を真理として愛するというのは純粋な意味でエロスなんだ。決してこの中には感性的な愛は入っとらん。それは言語が違うわけです。そのエロスの愛に対して、キリスト教の方はアガペー（agape）というヘブライの原語で説かれておると、そういうようなことを研究した本があるわけです。

アガペーに対してエロス、まあ細かいことはあるけれど、だいたいエロスは下から上に向かっている。アガペーはそうではないんだ、上から下に向かっている。神から人間に向かうのがアガペー、人間から真理に向かうのがエロス。まったく方向が逆になっておるというようなことから比較対照して、キリスト教における愛という、フィンランドの神学者が使っとる。それが名著なんですけどね。

僕はティリッヒがおもしろいと思うんです。それは愛の二種類じゃないんであって、愛の範囲の違いじゃないかと。愛の二種類じゃない。これがティリッヒの考えだ。それはティリッヒの説教集というのがありまして、その時に人間というもののあらゆる思想問題がそれに触れるような問題がある。一つは力だ。これは大事でしょう。力という字が大事なんです。今ではほんとうの力というのがわからんのですね。だから、経済力とか、戦力というのが代表しとるでしょう。これが現代の世界を覆っている力でしょう。それはほんとうの力ではないんです。それはほんとうの力がわからんから、それを力とする。それからまた組合というようなこともそうです。これは多数の力というものだ。一人じゃ役に立たんから。これはほんとうの力というものがはっきりせんから、力でないものを力にするということになるんでないかと思うんですね。だから、力という問題が大事なんです。

他力をアザーパワー（other power）と英訳してもわからんです。だから仏教でも他力という概念があるけれども、それは「行巻」だ。で、この「信巻」以下になると利他ということになる。浄土からいえば利他と。利他の一心と、こういうようにね。だからティリッヒというのはおもしろいですね。

仏教でも、小悲・中悲・大悲というわね。そうでしょう。それは愛の種類ではない。それは領域の違いですわね。大・中・小というのは範囲の違いなんだ。種類の違いではない。そういうことが非常におもしろいことだと思うんですね。ちょうど種概念と類概念みたいなものなんだ。種類というけれども、種と類の間ははっきりしとらんです。種概念が広がれば類概念は狭くなる。種類概念が広がれば種概念は小さくなる。何もそれは論理的な区別ではない。領域の違いですね。程度の違いなんだ。だからして仏教でも大・中・小といってあるのが非常におもしろい。我々が普通、センチメンタルと考えるような、そういうものは大悲というけどそうではない。それは小悲であって、あわれなものに対する愛なんだ。中悲になるとそうではない。あわれではないですわね。「諸行無常《しょぎょうむじょう》」であるとか、「一切皆苦《いっさいかいく》」であるということはあわれな人間でない。あわれでない人間も「諸行無常」なんだ。そういうのが中悲。

それから、大悲ということになると、センチメンタルというような要素はまったくないですね。上から下への愛でもない。大悲というのは天井から目薬というような、あらゆるものに対して上から注ぐような愛じゃないですわね。つまり、人間の愛じゃないわね。真理だ。真理は人間に対して大悲なんだ。背く。真理でなしに、存在者であるなら背くものは罰する。真理は罰するということはないでしょう。いたむということが出てくるんです。

実践の問題

僕は、この頃考えておるのはね、昨年「大地の会」でジャータカということでお話したんですけど、最近、つまり文学ということが非常に問題だと思うんです。さっきいった「修多羅」ですね。「修多羅」は文学だということが非常に大事なことだと思いますね。三願に対して三経だね。三経はこれは釈迦牟尼仏の教説でしょう。だから、それは一つの文学なんだわね。そういうことを忘れて、文学ということを誤解すると、教科書になってしまいます。教科書になると学が死んでしまうんだ。

ギリシアでいうとね、理論ということをいっておるのは、これは仏教では法相というんですけど、理論は何に対して区別されるかというと、実践に対して区別されるでしょう。実践というものはどういうものか、これも大きな問題でしょう。

実践というものをもっと大きな規模で飾った経典が『十地経《じゅうじきょう》』なんです。実践の問題は、これは面倒なんです。「数々取趣する《さくさくしゅしゅ》」ということが修行という意味なんです。さくさく、数《かず》という字を書くんだ。数々と。数という字は色々なものを修行するという意味もあるけれども、一つのものを何べんも修行する。復習という意味だね。色々のものを、また一つの問題を反復してという。だから、修という字、おさめるという字はならうという字がつく。「数々取趣する」と。では、何を繰り返すのかというと、見た真理を復習する。修道《しゅどう》という概念は見道《けんどう》に対応しておるんだ。見道で得たものを復習するんだ。磨くんです。得たものを磨くんです。その磨く材料は我々が生きとることだ。色々な問題があるでしょう。教団の問題、社会の問題、政治の問題、経済の問題、もう問題は満ちとるでしょう。それが見道に立つと、それが見道を磨く材料になる。見道がなければ、それはウロウロするだけなんです。人生が学問の材料になるんです。立つところへ立てばね。

だから、修道ということが、初地というのが大事なんだ。見道から修道が生まれて、生まれた修道の中に見道をおさめたんだ。それを初歓喜地《しょかんぎじ》というんです。見道から修道が生まれて、その生まれた修道の初めに見道をおさめてある。それを初歓喜地と、こういっとるわけです。だから、我々がいっている「信心歓喜《しんじんかんぎ》乃至一念《ないしいちねん》」というでしょう。信心歓喜は歓喜地の歓喜なんですわね。あの字が大事なんです。歓喜するような否定を人間はもっている。歓喜するような否定。くやしい否定じゃないんです。そうでしょう。自分の妄想が破れることによって、真理が明らかになれば、妄想が破れることが歓びでしょう。見道で見たものを終始反復することによって、見道を完成するんです。その完成しとるのが究竟道《くきょうどう》だ。見道・修道・究竟道と、こういっている。見道を完成するんだ。信心を正覚に完成させるんだ。信心を成仏に完成させるんだ。きわめてはっきりした構造です。

言葉の解釈で、何でもないようだけど、そこに自分のもっておる財宝をあらためて自覚するということが大事なんです。学習でも何でも、それも自分のもっておるものも知らずに外に求めるというようなことをせずに、新刊書とか、新聞や、雑誌とかそんなものにいかずに、自分のもっているものをはっきり自覚する。こういうことが大事なことです。

古いものが新しいんです。ニーチェという人があって、これが『反時代的考察』という本があるんですけど、これは僕は反時代的考察は何かというと、時代逆行的だと、こういうのが我々の教学の大事な点じゃないでしょうか。その時代についていきて、遅れんようにするというような教学ではだめなんです。すすんで教学から逆行しなければ、むしろはやらんように、はやらんようにいかなければいかんです。はやるようになったら、それは流転だ。そうでしょう。新しいもの、新しいものといって、新しいものに追いついた時には、もう古くなっている。蓬茨《ほうし》（祖運《そうん》）さんが「行巻」の新研究か何か出して、それから曽我さんのところにもっていった。その新という一字がだめですね、といって曽我さんに一本やられたというような話がある。そういうものです。進歩、進歩といくことが流転の道なんです。だからして、日本でもあるんじゃないですか、鯉の滝のぼりというやつが、そうでしょう。鯉の滝のぼりでいかんといかんです。流された力を転じてさかのぼるんだ。流れている別のところをさかのぼるんじゃない。こういうのは逃げたことになる。流される力を逆に転ずる。時代逆行的と、こういうものでないと、我々の講習会もですね。

真理が明らかになればいいんでないですか。そのために全部がむだになっても。真理は広告する必要がない。真理は真理であることによって広まっていきます。広める努力を必要とせんのです。それが地下に浸透するものです。どんな微かなことでも、まことがあるなら、それは世界を動かしていく力です。しかし、そうすると量に幻惑されてね。何ぼまじめでも、こんな小さいことをやっとったんではあかんじゃないかと。埒《らち》があかんじゃないかという気をおこすと、それが誘惑なんです。だから全部、我々の世界は誘惑に満ちとるからね。

論に先立つ経典

それから、実践ということですけど、実践についておもしろいのはマルクスだと思うんですよ。これまでの哲学は世界を解釈する哲学だ、自分の哲学は世界を変革する哲学だと。これが実践というものでしょう。変えるんだと、こういうわけです。まあ雨は上から下に降るものだ。それは変えるわけにはいかん。そういうものに従うのが理論というものです。変えるのが実践です。変革していくのがね、そういうことがおもしろいですけれども、真理には従うと、人間は変えるわけにはいかないと。しかし、実践は変えうると。間違ったものを正しくするとかですね。これまでの生き方を変える。変えうるのが実践だ。人間はその二つだけだ。人間は考えると同時に行為するものなんだ。それが人間の構造だ。人間は考えつつ、また行為するものだ。それで代表できるわね。

それともう一つ、作るということがあるでしょう。作るというのは、ないものからあるものを生み出すのが作る、制作でしょう。こういうものがある。そういうものを代表するのが経典だと思います。経典ね。そういうことが非常に……。これは、創作とかね、あるいは制作するとかね、そういうのが広い意味の文学でしょう。こういう世界がもう一つあると思うんです。

こういう時に我々は、仏教学に経典というもののもっとる位置をね、論に先立って経典があるということの意義ですね。『大無量寿経』と、こう掲げてあるんです。『大無量寿経』というのは一つの作品でしょう。教科書ではない。作品というものはね、問えばこたえるものが作品なんだ。だからして、問うのは何かというと、問うのは新しい問い方です。経典は問うても新しくないんだ。経典は新しく書き換えたりするんではないんであって、経典は古いんだ。けど問うのは人間が問うんだ。自分が新しければいいんでないかね。新しい問題をもてば、それで古いものをたたくんだ。そうしたら、そこに新しい響きが出てくるでしょう。問題をもたなければ、経典は沈黙しておるだけです。

我々自身が新しい問題となればいいんです。そこに古典があるんだ。古典は我々が作ったものじゃない。古典の本質はトラディション（tradition）でしょう。伝承だわね。これはね、文学というけれど、いわゆる文学一般ではない。ジャータカの文学だ。ジャータカの文学。こういうように限定していかなければならんですね。文学一般じゃない。ジャータカの文学だ。ジャータカというのは仏伝でしょう。経典は仏伝文学なんだ。

自覚の歴史が仏伝をつくる

つまり、仏が仏になってきた前の歴史を明らかにするんだ。仏の前は菩薩でしょう。本願の本というのは前という意味やね。本願というのが、もとの生や。仏のもとや。だから仏伝というものを考えてみたら、これは僕はおもしろいと思いますね。たとえてみたら、釈尊はゴータマという姓です。ゴータマ・ブッダや。けど、ゴータマ・ブッダの伝記というものはどうして書いたかね。こういうことは今の東大の学問なんか何もいわんと思うんですね。

しかし、ゴータマ・ブッダが生きておった時代には、仏陀は共通語なんです。仏教語じゃないんだ。共通の概念だ。仏陀という言葉も、あるいは「われ世に勝てり」とか、勝者とかね。ああいうのは共通語なんです。もっと広い共通語は沙門《しゃもん》だ。それからいってみれば、インドでは哲学者のことを沙門というんです。

後では、仏という言葉が仏教の専門語になったけど、初めから専門語じゃない。初めから専門語ならわからんわね。言葉というのは、とにかくわかるということじゃないと。わからんものにわからせるためには、わからん人間の言葉を使わんならん。まあ、そういうものを押さえていけば、啓示というものになってしまいますね。わからんものに対して啓示だ。

だから、こういうふうに考えるでしょう。ゴータマ・ブッダの生きとった時代にゴータマ・ブッダが光っとるはずがない。そんなのがたくさんいたんだから。もっと考えれば仏弟子というのがある。舎利弗《しゃりほつ》とか、目連《もくれん》とかね。十大弟子というのがあるけど、その当時を考えてみれば、ゴータマ・ブッダより舎利弗の方が有名だったかもしらん。舎利弗というのは懐疑論者だったんですから、頭がいい。智慧第一というくらいね。頭のよさからいえば、ゴータマ・ブッダをこえておったかもしれん。『阿弥陀経』でも、舎利弗、舎利弗といって、舎利弗は何も問わんのにこたえているでしょう。無問自説《むもんじせつ》の経といわれておるんだ。問いなくしてこたえとる。つまり、舎利弗がよくわかっているからでしょう。だから、舎利弗の名前とか、あるいは大迦《だいか》葉《しょう》はそうでしょう。大迦葉はこれは家柄が、ゴータマ・ブッダよりよかったかもしらん。大人の風貌《ふうぼう》があったんでしょう。だから、釈尊を訪問した時、釈尊はボロを着とるしね、大迦葉は立派な着物を着とるんだ。大迦葉は自分の着物を脱いで釈尊にあげたというんだ。釈尊はもらってそいつを着たというから、それほど毛並のいい家柄でなかったかと思う。だから、その当時はゴータマ・ブッダより、大迦葉とか舎利弗の方が有名だったんだろうと思うんです。そういうことを考えなければならんね。

だから、仏陀の生きとる間に仏伝とかいうのができるはずがない。仏伝というのがどうして生まれたかといえばね、仏陀の教えに救われた人間が作った。仏陀の教えによって救われたというか、つまり仏陀の教えを通して自覚した、さとりの眼を開いた。その弟子です。それがつまりさとりの歴史でしょう。仏陀のさとりが仏陀の胸の中にある間は歴史にならん。仏陀の歴史が仏陀の胸から、それらのものの方に移っていく。さとりが拡大するんです。それがつまり歴史となるんだ。さとりがね。その歴史が仏伝を作るんです。

だから、大きな作品なんです、仏伝というのは。仏の教えによってたすけられた歴史が、たすけた仏陀の伝記を作るんだ。そういうことを我々は念頭においとかんならんでないだろうか。

感動にくつがえされる

だから、考えてみるというと、今では何でも、人間ということがはやるんです。ルネッサンス以後ね。だからして、仏教の研究ばかりでなしに、『福音書《ふくいんしょ》』から人間としてのイエスを取り出そうと、キリストでないイエスだ。今、書いてあるのは、キリストとしてのイエスでしょう、『福音書』は。だから、キリストでないイエスだ。ナザレのイエスです。そういうものを取り出そうという試みが近代的な関心から出てくるんです。いちばん有名なのが、ルナンの『イエス伝』というのがそうですね。エルサレム、ヨルダンまでいって、あの風土に触れてルナンは書いたというんだ。

佐々木月樵《ささきげっしょう》というのはそのまねをしたんだ。親鸞の旧跡を全部訪問してね、『親鸞聖人伝』を書いたんですよ。ルナンのまねをしたんですよ。しかし、そこへ行ってみても出んですよ。だから、今の学問研究からみれば、今の『福音書』から人間イエスを見出すことは学問的にはほとんど絶望だというんです。全部が作品なんだから。

それから考えれば、仏陀の伝記でもそうじゃないかね。向こうは処女が妊娠したというところから始まる。こちらは摩耶夫人《まやぶにん》の右脇から誕生したと。誕生した瞬間に七歩歩いて、「天上《てんじょう》天下唯我独尊《てんげゆいがどくそん》」と叫んだと。これは初めから作品でしょう。だから、作品というものです。ただ文学といっても、そういう仏伝文学なんです。人間がその中に救いを見出すような文学なんです。見出した人が作った。

つまり、いってみれば仏伝となったゴータマ・ブッダは、我々のために出興した仏陀だ。我々のために人間になった仏陀だ。人間から出たんじゃない。人間に出た人なんです。人間から出たなら、それは天才でしょう。文化上の天才でしょう。文化上の偉人を天才というんだ。そうじゃないでしょう。そういう面もあったかもしれんですけどね、それだけではない。人間から出たんじゃない、人間に出たんだ。天才なら我々と無関係でしょう。天才と我々とは何の縁もゆかりもないわね。というのは、人間に出たということになると、我々のために出たんだ。それを徹底すれば、親鸞一人がために出たんだ。そういう文学でしょう。

だから、そこには感動というものがあるわけでしょう。経典にはね。経典の文学に感動するということです。それが学問の基礎ではないかね。感動するような文学。文学を見ても感動せんという頭では、学問しても何も出てきません。教科書だわね。大谷大学の真宗学を四年ほどで出てくれれば、真宗はわかったというようなものだ。そんなもので同朋会運動をやったって誰も感化できんでしょう。頭から教養がない方がいい。教養もこえたところから教養をもたんとね。勉強もせんならん、あんたがたノートとっとられるように。やっぱりいちいち概念が厳密でしょう。何も知らんということでは困る。勉強が足らんわね。だけど、その立つところは感動というものがいるでしょう。

ジャクリーンというフランスのお嬢さんがやってきて、信國《のぶくに》さんに出会った。信國さんに会うまで、信國さんがフランス文学の先生ということを知らんできたらしい。会ってみたらフランス語の先生だった。信國さんというと、あなた方知っとられるように、もうほとんど『教行信証』ということをいわん人だ。『歎異抄』一点張りの人です。ジャクリーンという人もそういう人だ。だから、いちばん会うべき弟子がいちばん死にぎわに会うたということです。で、ジャクリーンは娘の時にフランス語訳の『歎異抄』を読んだ。誰が翻訳したか知りませんけどね。だけど『歎異抄』は誰でも読んどる。あんた方も読んどられる。けど、どこを読んで、どこに感動したか、そういうことが大事なんです。だまされても後悔せんということがあった。すかされたてまつりても後悔せんと。この一語でひっくりかえった。

だまさんようにするのが信仰の道だと思っとったんだ。そうじゃない。だまされてもさしつかえないというのが信仰だと。こういうような信仰は世界にない教えでしょう。そういうところに感動したんだ。だから、どこを読んだかということが大事なんだ。つまり、自分に響くものだね。自分をひっくりかえすような感動を与える言葉を押さえなくては。

広くいえば、つまり救いというのは、何か神学的要素をもった文学というような意味でないんであって、実はほんとうの人間というものが人間の考えでは押さえられん。そういう人間を書いた文学というものが人間文学でないでしょうかね。神がわからんのでないんです。神が人間にかえすというけれども、そのかえした人間がわからんのや。「不可称《ふかしょう》・不可説《ふかせつ》・不可思議《ふかしぎ》」は仏のことではない。人間のことだ。人間が人間の考えではとらえられん。こういうような、人間を書いたものが、一つの人間文学ですね。

そうすれば、トルストイの作品だろうが、ドストエフスキーの作品だろうが。ああいうラスコーリニコフというような人間を出さんならん。あれは人間を語った偉大な文学でしょう。ああいうものに何も感動せんという頭で、親鸞の言葉がわかるだろうか。ラスコーリニコフを読んでも、何も感銘を受けんような頭が本願にうなずけるだろうか。人間にうなずけんものが本願にうなずけるだろうか。そういう問題があるでしょう。だから、いってみれば経典というのは人間像なんだ。そうすれば、経典によっている我々の教学というものは人間学なんだ。

教学の使命

これはこういう具合に思うね。仏教が広まるということはどういうことかというとね。仏教学の非常に極めて厳密な熟語が、仏教をこえてわかるということが広まるということじゃないでしょうか。仏教の非常に極めて厳密な教学の概念があるわね。仏教学以外の用語になるということが広まるということでないですか。仏教の言葉が仏教徒だけしか使われておらんようでは、仏教学ははっきりしとらんのです。

キリスト教の例をとれば、極めて厳密な神学の概念が、神学でない哲学の概念に逆に作用するということがあるんです。さっきいいました啓示ということがあるでしょう。オッフェンバールンク（Offenbärung）というね、あれが逆に哲学の概念になる。その時には、啓示という言葉がその言葉どおり開示だ。そうすると存在論の概念になるでしょう。開示というね。

啓示といえば神学の概念。そういう具合に生きてくるということが逆にいえるんです。それが、仏教が特殊な世界の思想ではなしに、人類の教学になるという意味です。だから、人類の思想のために教団もあるんでないかね。本願寺も。本願寺のために人類があるんでない。かえって人類に奉仕するような教団、そういうものに逆に転換することが教学の使命じゃないでしょうかね。

たとえてみれば解釈というようなこともそうだ。ディルタイというような人でも解釈学ということを出している。初めは聖書解釈なんだ。神学の中に聖書神学という部門があるんです。聖書解釈というのがかえって神学をこえて、ああいうような哲学の概念になってくる。解釈学という学問が生まれてきた。それが今度はさらにディルタイで終わらずに、人間存在の解釈にまで適応されるようになってきた。

開示という言葉は、だから遠い言葉じゃない。今、我々が読んどるこの「化身土巻」の用語をとれば「顕彰《けんしょう》」なんです。「信巻」の初めに「真心《しんしん》を開闡《かいせん》することは、大聖矜哀《だいしょうこうあい》の善巧《ぜんぎょう》より顕彰《けんしょう》せり」とあるでしょう。あそこに「顕彰」という字が使ってあるでしょう。「信巻」に使ってある「顕彰」はどこから出てきたかというと、「化身土巻」から出てきた。「顕彰隠密《けんしょうおんみつ》」ということから出てきた。ああいう具合になるというと、開示やね。あれにあたるんです、真宗学の概念ではね。文学というものも、そういうふうにね。

本願の譬喩

譬喩というような概念も我々が普通考えておるのは純粋な譬喩ではないわね。我々が普通いっているような譬喩は、あれは譬喩の依なんです。譬喩の所依だね。こういうものなんです。『観経』に譬喩という、十六観の行は人間の世界のことを譬喩として立てたと。こういうのが譬喩ですけど、親鸞はそうではない。『観経』そのものが譬喩だと。『観経』がいろんな譬喩で、浄土の行を説いたというのが普通の解釈です。そうじゃない。『観経』そのものが譬喩だ。本願の譬喩だと。本願の譬喩というのがどういうものかというと、「おおよそ何々は」といって、大前提、いちばん広いものですね。もっといえば普遍性です。普遍性をあらわすような意味をもったものが喩依《ゆえ》なんです。普遍性をあらわすというとおかしいけど、比論やね。比べるという意味です。アナロジー（analogy）といいますからね。

つまり、あるものによってあるものではないんだ、あらゆるものに通ずるような普遍性。普遍的なものをあらわすということは、それが喩そのもののもっとる意味なんです。本願というのは普遍性でしょう。「弘願《ぐがん》と言うは、『大経』の説のごとし」と。普遍的なものです。本願に救われて、本願をあらわすために。

だから喩というものの意味は、我々が普通いっとる喩とどういうように違うかというと、絵を描くようなものだね。絵を描く時にモデルを使うでしょう。けど、モデルを描いたら写真屋の方が上だ。しかし、モデルなしに描こうとしても描けん。そういうのが普遍的なものでしょう。無の中では描けんです。そこでアナロジーが生きてくるでしょう。

何もない、無から有は出てはこないわね。そうなると空想しかない。空想は作品にならんです。だからして、モデルみたいなものがいわゆる喩依なんです。喩そのものじゃないでしょう。喩そのものは普遍者でしょう。こんな関係が譬喩にはあるんではないかと思いますね。

なぜ譬喩が大事なのかというと、譬喩経という『観無量寿経』によって、善導は二河譬を説いたでしょう。この二河譬こそ、浄土に匹敵するんではないかね。あそこに「汝《なんじ》一心に正念《しょうねん》にして直《ただ》ちに来《きた》れ、我よく汝を護《まも》らん」という言葉が出ているでしょう。あんな言葉は作品だから出るんです。「直ちに来たれ」と。真理はそんなことというかね。諸法実相は、いわんでしょう。「来たれ」とも、「往け」ともいわんのが真理だ。「往け」とか「来たれ」とかは人間にあるからだ。真理から人間に生まれた人が人間を真理に発遣するんでしょう。その発遣を通してそこに真理の声を聞くんだ。真理そのものには声はないわね。「来たれ」というのは、声のない声でしょう。声のない声が本願の言葉なんだ。そういうのが二河譬に出てくるでしょう。で、後で譬喩というものを、合法段《がっぽうだん》といいまして、説明するんだ。法をたとえたんだから、たとえた法に合わせるんだ。そうすると死んでしまうわね。合法段は、気の抜けたビールみたいなものだ。かえって、譬喩の方が生きとるんです。それは、法をたとえたんじゃないんであって、法によってたとえたら喩依になってしまう。喩そのものは法なんだ。『願生偈』に匹敵するのが二河譬だ。だから、二河譬の意義というのは大きいんです。

三心釈ですね。欲生心というのは何であるか。欲生ということは、「すなわちこれ如来、諸《しょ》有《う》の群生《ぐんじょう》を招喚《しょうかん》したまうの勅命《ちょくめい》なり」と、二河譬の言葉を親鸞も使っているでしょう。これが回向心だと。いかに二河譬というものが重要な意義をもってくるかがわかりますね。

事件が機縁となる

この三願・三機・三往生ということがお話したかったんですけど。それから、王舎城《おうしゃじょう》の悲劇とかね、そういうようなことが「化身土巻」で……。

王舎城の悲劇というのがおもしろいわね。耆闍崛山《ぎしゃくっせん》で説法しておったんだ。そしたら、王舎城の悲劇がおこった。そして王舎城に出張してきたんだ。そこで『観経』ができた。そして、王舎城にかえって耆闍崛山の大衆のために阿難が語ったと。だから、経典は一つだけど一経《いっきょう》両会《りょうえ》の経典であると、そういうことがあるでしょう。出張するということがおもしろい。事件だね。事件は予定できんわね。事件というようなものが、さっきいった機というような問題になるんでしょう。

今いったように王舎城の事件といったものが機縁なんです。機縁、機が縁になるんだ。こういう意味ですね。機会というようなことも、英語でいえばチャンス（chance）ですけれども、ドイツ語ではゲレーゲンハイト（Gelegenheit）と。つまり、そこに横たわっているもの、人間によって拾われることを待っているもの、それが機でしょう。機会。あるものじゃない。取りあげられることを待っているもの、待ちうけているものだ。だから、何ぼいいことをいっても、後になったら、時を失ったら何の意味もなさない。手遅れだ。もう遅いということだ。

それから、もう一つは機械というような意味もあるんでないか。機械というものはどういう意味かというと、機械でできるのは機関車というようなものでね……。つまり鍵でしょう。機械は時でしょう。人によって見出される時がそこに横たわっている。鍵を握るということが大事なんだ。鍵が与えられておるんだ。引き金だね。おもしろい話があるんですが、弓のことは僕はしろうとでわからんけど、九州の木屋君というのは学生の時、弓道部で弓ばかりを引いていた男ですが、的を何度も射つわね。つまり、的まで無限の線が引けるわけですね。けど、その中の一つだけ当たるでしょう。そうするとどうだろう。無限の線で当てるんです。だけど、当たるのは一つだ。だから、当てると当たると違うんです。当ててみなければ当たらん。けど、当てたのは当てたんでない、当たったんだ。鍵ということの中には、そういうものがあるんでないですかね。合い鍵ではあかんのです。鍵というのが、向こうから出てきます。こっちから合わせるわけにはいかん。それは当てるだけなんだ。

だから、こっちが向こうを見出すより先に、向こうがこっちを見出しとったんだ。ここだぞと。それが招喚でしょう。あっと、気がついたんだ。気がついたらこっちが見つけるより先に、向こうが見つけとったと。そういうようなものが機という概念です。そういうような言葉が、なかなか外国語にはないんでないかね。それが、三願・三機・三往生と。

「為未来世《いみらいせ》」

で、釈尊の教える側から、正・像・末というようなことも出てくる。正・像・末ね。今度、松原《まつばら》（祐善《ゆうぜん》）君の安居の講義があるそうですけどね、正・像・末というようなことも、キリスト教にもあって、終末論というのがあるんです。エスカトロギー（Eschatologie）というんですけど、こういう似たような考えもあるんです。しかし、これは僕はちょっと違うと思う。これは、『観経』の中に「為未来世」ということがあって、これは松原君がどう理解するかわからんけどね。『観無量寿経』は韋提希《いだいけ》夫人に語った経典です。それを、我々がどうその中で教えをみるかということが、僕は「為未来世」という意味だと思うんですよ。我々がどう受け取るかということです。

韋提希夫人は昔話だ。それを、今は昔でない、今生きておる我々が、韋提希の話の中で何を受け取るか、そういう意味で、終末論というものが考えられないかと。こういう、「為未来世」の教えというのはそういう意味でないか。これもあんた方、一つ考えてみてください。

だから、非常に悪く取れば、末法になったら聖道の教えなんかもうだめだと。もう間にあわん、時に背き機に背いている、役に立たんと。理論が正しいということは、何も現実に生きとるということではない。いくら理論が正しくても、現実に何の役にも立っとらんと、こういう具合に出ていますけど、それは聖道門をただやっつけるというような意味でないんだろうと思うんですよ。

何かそこにやっぱり我々がどう受け取るかと。こういう意味でそこに正・像・末をこえた、一貫した本願をその中に我々が見出すということ。それから、それをよろこぶわけではない。

「釈迦如来かくれましまして　二千余年になりたまう　正像《しょうぞう》の二時《にじ》はおわりにき　如来の遺弟《ゆいてい》

悲泣《ひきゅう》せよ」というんだから、ざまをみやがれというような意味ではない。悲しみですわ。悲しみだけど、ただ悲観しているんでない。

これは、キリスト教の終末論では、それを神学化して、何かキリスト教の歴史哲学というようなことを立てる。キリストの再臨とか、色々なものがくっついてくるから、無数の解釈が出て、結局収拾すべからざる複雑な神学に終わってます。けど、そういうものでなく、単純なものだと思いますね。古いものに、我々が、何を教えられるか。現に生きておる人間が何をそこに教えられるか。そういう問題ではないかと思うんです。

だから、そういうようにして、韋提希夫人の時に会うたものが、我々の上にも会うことができる。一貫したものが、そこに流れていると。こういうのが、正・像・末というような意味として考えられないかと。これも考えてみてください。

じゃ、そこまでにしておきましょう。

（一九八〇・六・九　伝道講究所特別講義）

略年表

西暦	和暦	年齢	事項
一九〇〇	明治三三		兵庫県美方郡八田村（現・新温泉町）に誕生（旧名・安田亀治）。
一九〇六	明治三九	六	キリスト教プロテスタント系の鳥取教会附属の鳥取幼稚園（現・愛真幼稚園）に通う。
一九一六	大正五	一六	日置黙仙禅師より受戒する。戒名を「慈徳良圓」とする。
一九一九	大正八	一九	金子大榮著『仏教概論』が発行され、これを読み感激する。
一九二四	大正一三	二四	大谷大学において学び始める。
一九三〇	昭和五	三〇	大谷大学選科を修了する。この年、大学を辞した曽我量深、金子大榮を中心とした興法学園が開設され園長となり、その後、雑誌『興法』の編集発行人となる。
一九三三	昭和八	三三	興法学園が解散する。
一九三五	昭和一〇	三五	私塾を開く。曽我量深より「学仏道場　相応学舎」の名を頂く。
一九四三	昭和一八	四三	真宗本廟（東本願寺）において得度する。法名を曽我量深の命名により「理深」とする。

一九四四	昭和一九	四四	大谷大学予科専門部教授嘱託となる。
一九四五	昭和二〇	四五	「安田亀治」を「安田理深」に改名することを京都市長に附願し、許可される。大谷大学専門部教授となる。
一九四六	昭和二一	四六	大谷大学専門部教授を依願退職する。
一九四八	昭和二三	四八	真人舎が結成され、同人となる。雑誌『真人』第一号が発行される。
一九五七	昭和三二	五七	『真人』第一〇〇号より編集発行人となる。
一九六〇	昭和三五	六〇	パウル・ティリッヒと鼎談する。泉涌寺において還暦記念講演「名は単に名にあらず」を行う（安田理深選集〈文栄堂〉第一巻所収）。
一九六一	昭和三六	六一	大谷大学非常勤講師となる。
一九六二	昭和三七	六二	大谷大学文学部講師となる。
一九六六	昭和四一	六六	大谷大学文学部講師を退職する。大谷大学非常勤講師となる。
一九六七	昭和四二	六七	肺結核のため入院する。
一九七〇	昭和四五	七〇	退院し、この頃より随想ノートの記述が始まる（安田理深選集別巻所収）。
一九七三	昭和四八	七三	京極寺（居住地）が焼失する。
一九八二	昭和五七	八二	二月一九日逝去。法名・相応院釈理深。真宗大谷派贈講師。

安田理深(やすだ りじん)●略歴

1900(明治33)年兵庫県美方郡八田村(現・新温泉町)生まれ。旧名、安田亀治。1924(大正13)年大谷大学に入学。1930(昭和５)年大谷大学選科修了。この年、大学を辞した曽我量深、金子大榮を中心とした興法学園が開設され園長となり、雑誌『興法』の編集発行人となる。1935年私塾「学仏道場 相応学舎」を開く。1943年東本願寺において得度、法名を曽我量深の命名により「理深」とする。1944年より1946年まで大谷大学に奉職。1960年パウル・ティリッヒと鼎談。1982年２月19日逝去。真宗大谷派贈講師。

〈主な著書〉

『信仰的実存』、『縁起と性起』、『摂大乗論聴記』、『親鸞における救済と自証』、『安田理深選集』等多数。共著に『不安に立つ—親鸞・日蓮の世界と現代』等。

聞思《もんし》の人《ひと》⑥　安田理深《やすだりじん》集(下)

2015(平成27)年11月28日　第１刷発行

編　　集　教学研究所

発 行 者　里雄康意

編集発行　東本願寺出版(真宗大谷派宗務所出版部)

〒600-8505　京都市下京区烏丸通七条上る
TEL 075-371-9189(販売)
075-371-5099(編集)
FAX 075-371-9211
E-mail shuppan@higashihonganji.or.jp
真宗大谷派(東本願寺)ホームページ
http://www.higashihonganji.or.jp/

印 刷 所　中村印刷株式会社

装　　幀　白岩　麗(株式会社ワード)

ISBN978-4-8341-0518-6 C0015

刊行の願い

「聞思の人」と題して刊行するこの叢書は、当教学研究所の機関誌『教化研究』所載の曽我量深・金子大榮・安田理深・蓬茨祖運四師の講演録及び執筆原稿の中から特に大切なものを抜粋して編纂しました。これらの講演の多くは当研究所主催の伝道講究所、伝道研修会で気鋭の教師たちを前にして獅子吼されたもので、特に昭和三十一年から始まった年三回開催の伝道研修会の受講者は、これら四師の教導により年を追うごとに増え、昭和四十四年には修了者が千人を超え、その人たちの意気がやがて宗門を僧伽たるものにしようとする願いに生きる念仏者の誕生へと波及していきました。

いま、私たちはそのような先師の教えをもう一度丁寧に読み返し、その行間に聞こえる声に耳をそばだて、その響きを聞思すべき絶好の時にきているのではないでしょうか。宗祖親鸞聖人七百五十回御遠忌法要を終えたいま、このような叢書を刊行する意義はそのような願いにもとづくものであります。

なお、各師の講演録の中には、研修会での講演のほかに、宗祖親鸞聖人七百回御遠忌法要（昭和三十六年）での曽我師の記念講演「信に死し願に生きよ」、金子師の「曽我量深先生追悼講演」、安田師とP・ティリッヒ、信國淳師による鼎談「名号について」、蓬茨師の靖国神社国家護持法案反対の文「政治で神をつくるな」を加えました。それぞれが歴史的意義をもつものと思われます。

なお、この叢書は一九七七年から一九八三年にかけ、曽我・金子・安田三師の講演録として六巻本で出版されていましたが、凡例にあるように少々の改訂をほどこし、それに蓬茨祖運師のものを新たに加えて刊行するものであることをご了承ください。

二〇一二年七月　　教学研究所長　蓑輪秀邦

聞思の人（全8巻）

教学研究所編

聞思の人①『曽我量深集 上』
聞思の人②『曽我量深集 下』
聞思の人③『金子大榮集 上』
聞思の人④『金子大榮集 下』
聞思の人⑤『安田理深集 上』
聞思の人⑥『安田理深集 下』
聞思の人⑦『蓬茨祖運集 上』
聞思の人⑧『蓬茨祖運集 下』